ERICH
SCHMIDT
VERLAG

D1729924

Edition Stiftung&Sponsoring   1

Herausgegeben von Dr. Christoph Mecking und Erich Steinsdörfer

Gamification4Good

Gemeinwohl spielerisch stärken

Von
Prof. Dr. Hans Fleisch

ERICH SCHMIDT VERLAG

Bibliografische Information der Deutschen Nationalbibliothek
Die Deutsche Nationalbibliothek verzeichnet diese Publikation in der Deutschen
Nationalbibliografie; detaillierte bibliografische Daten sind im Internet über
http://dnb.d-nb.de abrufbar.

Weitere Informationen zu diesem Titel finden Sie im Internet unter
ESV.info/978 3 503 17796 7

Gedrucktes Werk: ISBN 978 3 503 17796 7
eBook: ISBN 978 3 503 17797 4
ISSN 2569 0353

Redaktion: Benita v. Behr, Prof. Dr. Hans Fleisch, Henrik Flor, Dr. Anna Kaitinnis,
Dr. Peter Kreutter
Layout: format+ | Matthias Fischer | www.formatplus.net
Druck: Kösel, Krugzell

Inhalt

Gamification4Good

Vorwort von Beate Spiegel, Klaus Tschira Stiftung 8

Vorwort von Uta-Micaela Dürig, Robert Bosch Stiftung 9

1. Einführung: Gamification – eine neue Chance für das effektivere
Verfolgen von Gemeinwohlzielen? 12

2. Gami ... – was? 17

3. Spielen als elementarer Bestandteil der menschlichen Entwicklung
und Entfaltung 23

4. Elemente von Spielen 27

5. Warum lassen sich Menschen von Spielen faszinieren? 36

6. Forschungsstand zu Gamification 43

7. Motivation durch Befriedigung psychologischer Bedürfnisse 49

8. Das Modell für Gamification von Yu-Kai Chou: Octalysis 58

9. Differenzierung der Zielgruppen: Spielertypen 64

10. Der Prozess der Entwicklung einer Gamification-Anwendung 72

11. Gamification4Good als logische Konsequenz zentraler Trends 85

12. Fazit 97

13. Zehn Empfehlungen 102

Einsatzgebiete im Gemeinwohlsektor: Praxisbeispiele

Bildung 108

Integration, sozialer Zusammenhalt und politische Bildung 120

Gesundheit 121

Entwicklungszusammenarbeit 126

Umwelt 127

Wissenschaft 130

Kunst und Kultur 132

Bürgerschaftliches Engagement 134

Campaigning 135

Fundraising 136

Organisationsentwicklung 139

Anhang: Weiterführende Informationen

Die Gamification-Blaupause: Planungsschritte auf dem Weg
zu einer Gamification-Lösung 142

Einige weiterführende Hinweise 151

Literatur 160

Danksagung 167

Über den Autor 168

Vorwort

Seit ihrer Gründung vor über 20 Jahren fördert die Klaus Tschira Stiftung Naturwissenschaften, Mathematik und Informatik. Unsere Förderschwerpunkte Bildung, Forschung und Wissenschaftskommunikation sind für die Zukunft unseres Gemeinwesens von entscheidender Bedeutung.

Bei diesen drei Themenfeldern geht es immer auch um die Frage, wie die Vermittlung und Verarbeitung von Informationen verbessert werden kann. Wir gehen davon aus, dass jeder Mensch einen natürlichen Drang zum Forschen und Erkennen hat – daher möchten wir diese Neugierde unterstützen und am Leben erhalten. Experimentelle und kommunikative Elemente können dazu beitragen, wie sich auch in verschiedenen Projekten der Stiftung zeigt.

Mit der Förderung dieser Studie möchten wir einen neuen Zugang zu Wissen vorstellen. Die vorliegende Untersuchung lotet systematisch aus, welche Chancen möglicherweise mit „Gamification" verbunden sind. Das Werk zeigt, wie Spielelemente und -mechaniken in Bildung und Wissenschaft eingebunden werden können. Darüber hinaus macht es deutlich, wie Gamification die Kommunikation und Motivation zugunsten von Gemeinwohlanliegen stärken könnte und damit für nahezu alle gemeinnützigen Zwecke wirkungssteigernd einsetzbar wäre.

Wir wünschen Ihnen eine anregende Lektüre.

Heidelberg, im März 2018
Beate Spiegel
Geschäftsführerin der Klaus Tschira Stiftung

Vorwort

Dass spielerische Gestaltungen von Information und Kommunikation helfen können, deren Effektivität zu verbessern, ist eigentlich keine neue Idee. Der niederländische Kulturwissenschaftler Johan Huizinga hat vor knapp einem Jahrhundert prägnant aufgezeigt, welche Bedeutung Spiele und Spielelemente für Innovation, Wissensvermittlung und Interaktion seit jeher in der menschlichen Kulturgeschichte gespielt haben. Sein Bild des Menschen als Homo ludens, als spielendem Menschen, knüpft an entsprechende Sichtweisen und Thesen großer Denker aus vorangegangenen Jahrhunderten an.

Dennoch erlebt das Thema „Gamification" erst seit Kurzem einen regelrechten Hype – zumindest in der Wirtschaft. Damit stellen sich zwei Fragen: Verbinden sich mit der Gamifizierung von allen möglichen Lebensbereichen aktuell tatsächlich neue Chancen? Und, soweit das zu bejahen ist: Kann und sollte das Wirken zugunsten des Gemeinwohls, insbesondere der Zivilgesellschaft, von diesen neuen Möglichkeiten vermehrt profitieren?

Um fundiertere Antworten auf diese beiden Fragen zu bekommen, hat die Robert Bosch Stiftung das Projekt „Gamification4Good" gefördert, dessen Ergebnisse in dieser Publikation allgemeinverständlich aufbereitet sind. Der vorliegende Report bietet zudem erstmalig einen breiteren Überblick über Praxisbeispiele des Einsatzes von Gamification für Gemeinwohlzwecke.

Im Ergebnis meinen wir, dass die Forschungslücken weiterhin groß sind und der Einsatz von Gamification insofern insbesondere in Schulen derzeit keinen bedeutsamen Beitrag für ihre Qualitätsentwicklung leisten kann. Wohl lohnt es sich aber, sich genauer mit der Thematik Gamification zu beschäftigen.

Stuttgart, im März 2018
Uta-Micaela Dürig
Stellvertretende Vorsitzende der Geschäftsführung
Robert Bosch Stiftung GmbH

Gamification4Good

1. Einführung: Gamification – eine neue Chance für das effektivere Verfolgen von Gemeinwohlzielen?

„Spiele können die Welt retten", lautete im Jahr 2017 die These von Asi Burak, dem Vorsitzenden der Organisation „Games for Change".[1] Er knüpft damit an Thesen der Direktorin für Spieleforschung und Entwicklung am Institute for the Future in Palo Alto, Jane McGonigal, an. Sie stufte Spiele als eine der wichtigsten Plattformen im 21. Jahrhundert ein, die eine menschliche Zukunft möglich machen.[2] Die populärwissenschaftliche Darstellung von McGonigals Thesen im Jahr 2011 wurde zum internationalen Bestseller.[3] Im Jahr darauf äußerte die deutsche Zukunftsforscherin Nora Stampfl ihre Einschätzung, wir seien an einem Scheidepunkt: Die für moderne Spiele aufgebrachte enorme Energie und Zeit von zig Millionen Menschen allein in Deutschland könne entweder weiter primär in Fantasywelten fließen oder dafür genutzt werden, die Gesellschaft, in der wir leben, zu verbessern.[4]

Seither hat sich Gamification zum „Trendwort"[5] entwickelt. Weltweit haben die Veröffentlichungen und einschlägige Kongresse zu Gamification sprunghaft zugenommen.[6] Das Thema machte innerhalb weniger Jahre vor allem in Wirtschaft und Wissenschaft enorm Furore, ein internationales Gamification Research Network[7] wurde gegründet und es entstand ein milliardenschwerer Markt für entsprechende Dienstleistungen. Der Fokus lag und liegt dabei aber überwiegend auf der Nutzung für kommerzielle Zwecke.

Worum geht es?

Gamification ist die Nutzung von Elementen von Spielen, von Spieledesigns und/oder von Spielmechaniken in spielfremden Kontexten.[8] Gamification ist also nicht identisch mit „Spielen" bzw. „Gaming"; und aus diesem Unterschied ergeben sich, wie noch detaillierter dargestellt wird, zusätzliche Möglichkeiten. Gamification bezieht sich auch nicht nur auf digitale Spielelemente.

---

1   Burak/Parker (2017)
2   McGonigal (2012), u.a. S. 23f.
3   McGonigal (2011)
4   Stampfl (2012), insbesondere S. 105ff.
5   Zukunftsinstitut (2017), S. 5
6   Zum Forschungsstand siehe unten S. 43
7   http://gamification-research.org
8   Mehr zur Definition von Gamification unten, siehe S. 18f.

Der Einsatz von Spielen und Spielelementen in spielfremden Kontexten ist eigentlich nichts fundamental Neues. Ist Gamification also nur alter Wein in neuen Schläuchen oder ergeben sich aktuell tatsächlich neue Chancen? Wir gehen in diesem Buch dieser Frage unter dem Gesichtspunkt nach, ob Gamification spezifisch für die Verfolgung von Gemeinwohlzielen zusätzliche und noch ungenutzte Potenziale bietet. Denn wenn es auch vermehrt Einzelbeispiele gibt: Die systematische Nutzung von Gamification für Gemeinwohlanliegen – „Gamification4Good" – ist hierzulande noch die Ausnahme. Das Thema ist vielen Gemeinwohlakteuren in Staat, Stiftungen und anderen gemeinnützigen Organisationen in Deutschland offenbar nicht einmal bekannt. Das zumindest soll dieses Buch ändern und zugleich zu einer sachgerechten Einschätzung beitragen.

Zielgruppen dieses Buches

Das Buch richtet sich darum vor allem an diejenigen, die über die Vergabe von Fördermitteln für Gemeinwohlzwecke entscheiden (v.a. in gemeinnützigen Stiftungen und Ministerien) sowie an diejenigen, die sich operativ in Programmen, Projekten und Initiativen für das Gemeinwohl engagieren und an Optimierungsmöglichkeiten interessiert sind. Zudem mag das Buch Beraterinnen und Beratern, einschlägigen Verbänden und Fortbildungseinrichtungen des Dritten Sektors[9] Anregungen bieten.

Neue Potenziale für das Gemeinwohl?

Dafür, dass Gamification heute neue Potenziale für das Gemeinwohlengagement bietet, scheint prima facie zu sprechen, dass

- wir aufgrund neuerer Forschungsergebnisse immer besser verstehen können, wie und warum Spiele und Spielelemente wirken, und dieses bessere Wissen bei Gamification für Gemeinwohlzwecke nutzen können,
- insbesondere die Forschungstätigkeiten zur Gestaltung von Gamification drastisch zugenommen haben, weltweit laufend weiter zunehmen und deren Ergebnisse für eine Effektivitätssteigerung bei der Verfolgung von Gemeinwohlzielen nutzbar gemacht werden können,
- in der Wirtschaft der Einsatz von Gamification sprunghaft ansteigt – schätzungsweise auf das Zehnfache von 2015 bis 2020[10] – und dort immer mehr Gamification-Beispiele entstehen, aus denen sich unter Umständen für den Gemeinwohlbereich lernen lässt,

9   Zum Begriff Dritter Sektor: https://de.wikipedia.org/wiki/Dritter_Sektor
10 MarketsandMarkets 2016, www.marketsandmarkets.com/Market-Reports/gamification-market-991.html

- sich Gamification in allen Sphären des Alltags sowieso immer stärker verbreitet und darum auch im Gemeinwohlbereich stärkere Berücksichtigung finden sollte,
- seit Kurzem Akteure wie Weltbank, große Stiftungen und andere Nichtregierungsorganisationen und sogar Bundesministerien begonnen haben, die Chancen auszuloten, mit Gamification ihre Ziele besser zu erreichen,
- immer mehr Menschen – keineswegs nur Kinder und Jugendliche – erhebliche Zeit mit digitalen Spielen verbringen und eine Generation heranwächst, bei der dies zur prägenden Normalität gehört,
- sich in einer vernetzt-digitalisierten dynamischen Welt die Bedingungen für die Entfaltung der Spielpotenziale des Menschen laufend verbessern oder jedenfalls verändern,
- es immer mehr Gestaltungsmöglichkeiten und Praxisbeispiele von „Gamification4Good" gibt, deren Erfahrungen von anderen Gemeinwohlakteuren genutzt werden könnten.

Argumente pro und kontra

Dagegen könnten allerdings die Argumente der namhaften Gamification-Skeptiker sprechen. Manche von ihnen meinen, dass Gamification den Höhepunkt bereits hinter sich habe, weil den Menschen mittlerweile ein Zuviel an Gamifizierung zugemutet werde.[11] Andere halten Gamification sogar für strukturell unmöglich, weil Spiel einerseits und ernste Ziele oder gar Arbeit andererseits sich nicht ohne Kannibalisierung des jeweils anderen kombinieren lassen.[12] Einige stufen Gamification sogar als reinen „Bullshit" ein, weil es Spiele pervertiere und damit ihrer Wirkung beraube – so z.B. die provokante These von Ian Bogost, Professor am Georgia Institute of Technology, bei einem Gamification-Symposium 2011.[13] Und schließlich gibt es gewichtige Stimmen wie die des Hirnforschers Gerald Hüther, die vor einer Instrumentalisierung von Spielen warnen.[14]

---

11 www.gamification.co/2012/12/11/following-gamification-through-gartners-hype-cycle

12 Bei dieser These von Unvereinbarkeit von Spiel und ernsthaftem Tun wird häufig Huizinga (2015), S. 215f. u.ö. zitiert. Das Verständnis von Spielen als Gegenbegriff zu ernsthaftem Tun/Arbeit reicht bis in die Gegenwart. Im Brockhaus von 1841 hieß es bereits pointiert: „Spiel ist der Arbeit entgegengesetzt, sodaß es ohne diesen seinen Gegensatz selbst zu existieren aufhört." Im Brockhaus 2012 wird Spielen weiterhin vor allem im „Sinne einer ... Gegenwelt zu der durch Planung, Leistungsernst ... bestimmten Arbeitswelt" verstanden.

13 http://bogost.com/blog/gamification_is_bullshit/; vgl. auch Bogost (2015)

14 Hüther / Quarch (2016), insbesondere S. 83

Auf der anderen Seite der Skala wächst seit McGonigals Bestseller die Zahl derer, die glauben, dass Gamification sogar die Chance biete, die aktuellen Herausforderungen der Menschheit effektiver zu bewältigen. Dazu zählen zunächst einmal Akteure jenseits des Atlantiks, etwa die Bill & Melinda Gates Foundation, die John D. and Catherine T. MacArthur Foundation[15] und die Weltbank[16] sowie die vielen US-amerikanischen Professorinnen und Professoren wie z.B. Kevin Werbach und Dan Hunter, die in Gamification gar eine geradezu „revolutionäre" Energie verorten.[17] Und „Gamification von allem" sei sogar „the next big disrupter", schreibt David Berreby vom Korn Ferry Institute, dem Forschungsinstitut der renommierten internationalen Beratungsgesellschaft Korn Ferry.[18]

Aber in Europa wächst die Zahl der Fans dieser Idee ebenfalls und auch in Deutschland nutzen mehr und mehr Organisationen Gamification für Gemeinwohlanliegen.[19] Die Beispiele hierzulande reichen von Gesundheitsförderung bei Demenzkranken über Umweltschutz bis zu politischer Bildung.[20]

Aufbau des Buches

Um in diesem Spannungsfeld zwischen Enthusiasten und Skeptikern Orientierung und ein darauf aufbauendes differenziertes Urteil zu ermöglichen, liefern wir im ersten Teil eine Darstellung, worum es bei Gamification für Gemeinwohlzwecke geht, und im zweiten Teil praktische Beispiele.

In Teil 1 wird in Kapitel 2 zunächst einmal beleuchtet, was Gamification ausmacht und von anderem wie z.B. Serious Games unterscheidet. In Kapitel 3 folgt ein Blick auf das Spielen als Teil des Menschseins. Danach stellen wir in Kapitel 4 dar, welche einzelnen Elemente zu einem Spiel gehören, die für Gamification genutzt werden können. Anschließend sehen wir uns in Kapitel 5 genauer an, wie und warum Spiele und ihre Elemente „funktionieren". Kapitel 6 bietet einen Überblick zum

---

15 Diese Stiftungen fördern darum u.a. das Institute of Play; vgl. www.instituteofplay.org
16 Vgl. z.B.: http://blogs.worldbank.org/education/print/gamification-education; https://olc.worldbank.org/about-olc/gamification-faqs-staff; https://blogs.worldbank.org/publicsphere/things- we-do-can-computer-games-contribute-hiv-prevention.
17 Werbach / Hunter (2012), S. 13 u.ö.
18 Berreby (2013)
    institute/618-the- gamification-of-everything
19 Das zeigt u.a. die Zunahme entsprechender Kongresse; vgl. z.B. für das Jahr 2017 https://gsgs.ch; http://www.bizplay.org; https://gamification-europe.com/; http://www.gamify-con.de
20 Siehe Praxisbeispiele in diesem Buch ab S. 108

aktuellen Forschungsstand zu Effekten von Gamification. Nachfolgend beleuchten wir in Kapitel 7, wie und warum Verhaltensänderung durch Motivation gelingen kann, und stellen ein bewährtes Modell für die Berücksichtigung dessen in gamifizierten Gestaltungen vor. Kapitel 8 gibt einen Einblick in das von „Gamification-Guru" Yu-Kai Chou entwickelte Modell von Treibern, die beim Spielen motivationssteigernd wirken. Danach differenzieren wir in Kapitel 9 die verschiedenen Persönlichkeitstypen, deren Charakteristika bei motivatorischen Interventionen mit Spielelementen zu berücksichtigen sind. In Kapitel 10 wird dargestellt, welche Schritte im Prozess des Designens einer gamifizierten Lösung wichtig sind und welche Unterschiede zur bisherigen Praxis sich bei Fördermittel-Antragstellung und -Entscheidung und bei Projektgestaltungen daraus ergeben. In Kapitel 11 werfen wir einen Blick auf Trends, die auf die Verbreitung von Gamification Einfluss haben. Und schließlich ziehen wir in Kapitel 12 und 13 ein Fazit und geben Empfehlungen für die Weiterentwicklung des Themas Gamification in Bezug auf den Gemeinwohlsektor.

Im zweiten Teil dieses Buches werden dann konkrete Beispiele aus ganz unterschiedlichen Bereichen porträtiert, die die Spannbreite der Möglichkeiten anschaulich illustrieren.

Gamification wird, das ist unser Ausgangspunkt, sicher nicht „die Welt retten". Aber möglicherweise kann ein systematischerer und kompetenterer Einsatz von Spielelementen zumindest einen größeren Beitrag leisten, z.B. in der Bildung und Integrationsarbeit, bei der Bekämpfung von Aids, für Verhaltensänderungen zugunsten des Umweltschutzes oder bei der Prävention von politischem Extremismus. Dies wäre doch schon viel und bereits darum lohnt ein genauerer Blick auf das Thema. Außerdem bietet die Befassung damit Anregungen für eine Weiterentwicklung des Handelns von Gemeinwohlförderern und -aktivisten und ihrer Organisationen.

2. Gami ... – was?

Der Begriff Gamification ist relativ neu. Erstmalig – und zunächst ohne große Resonanz – taucht er 2002 in einer Schrift des Unternehmensberaters Andrzej Marczewski auf;[1] eine größere Verbreitung beginnt erst ab dem Jahr 2010 – dann allerdings geradezu explosionsartig.[2] Eine erste wissenschaftliche Konferenz zum Thema fand 2011 statt,[3] seither macht der Begriff Furore, eine allgemein akzeptierte Definition gibt es aber bis heute nicht.[4]

Die Diskussion zum Begriff Gamification

Der Gamification-Forscher Sebastian Deterding schlägt gemeinsam mit anderen führenden Köpfen aus der internationalen Gamification-Forschung als Definition „the use of game design elements in non-game contexts" vor.[5] Andere betonen bei der Definition des Begriffs Gamification statt der Spieldesignelemente die Nutzung von Spielmechaniken in spielfremden Kontexten.[6] Wieder andere fügen in einer breiter gefassten Definition Weiteres hinzu, z.B. „mit dem Ziel der Verhaltensänderung und Motivationssteigerung"[7] oder „to increase user engagement",[8] oder beschränken Gamification auf die Nutzung der Elemente von Computerspielen.[9]

Für den Neologismus „Gamification" gibt es keine idiomatische Übersetzung in der deutschen Sprache, auch wenn zum Teil von „Spielefizierung" gesprochen wird.[10] Dieser deutsche Begriff wird hier aber nicht verwendet, denn das deutsche Wort „Spiel" umfasst sowohl die Bedeutung von „Play" als auch die von „Game", was jeweils Unterschiedliches bedeutet. In der englischen Sprache verwendet

---

1   Sailer (2016), S. 5, mit weiteren Nachweisen
2   Werbach / Hunter (2012), S. 25
3   Koch / Ott / Oertelt (2013), S. 26; das Symposium „For the Win: Serious Gamification" wurde organisiert von Kevin Werbach und Dan Hunter und fand vom 8. bis 9. August 2011 an der Wharton School, University of Pennsylvania, in Philadelphia statt. Siehe http://gamifyforthewin.com
4   Deterding et al. (2011) mit weiteren Nachweisen; Chou (2016), S. 49ff., mit weiteren Nachweisen
5   Deterding et al. (2011)
6   Nachweise, auch zu weiteren Definitionen, bei Koch / Ott / Oertelt (2013), S. 2
7   Z.B. Bendel (o.J.)
8   Z.B. Duggan / Shoup (2013), S. 10
9   Z.B. Thiel (2015), S. 1
10   Vgl. z.B. Henke / Kaczmarek (2017), S. 1

man „playing" für Spielen im Sinne von spielerischer Interaktion, meist mit Spielzeug und vor allem regellos; „gaming" meint dagegen eher sportliches Spielen, oft im Sinne von Wettkampf, vor allem aber zielgerichtet und basierend auf Regeln.[11] Sebastian Deterding und andere[12] differenzieren daher zwischen „Playful Design" und „Gameful Design". Eine gamifizierte Anwendung kann dabei durchaus spielerisch im Sinne von „playful" sein, jedoch liegt der Fokus auf dem „Game"-Charakter, schließt also z.b. das Befolgen von Regeln, Belohnungen, Feedback und Ziele-Orientierung mit ein.[13]

In jedem Fall scheint eine Verengung der Begriffsdefinition von vornherein auf Computerspielelemente oder bestimmte Einsatzgebiete (wie z.b. Verhaltensänderungen) schlicht unnötig und auch nicht hilfreich, u.a. weil sonst manche erfolgreiche Einsatzgebiete von Spieltechniken und -elementen ausgeblendet werden. Wir definieren darum in diesem Report

> **Gamification als die Nutzung von mehreren Elementen von Spielen, von Spieldesigns und/oder von Spielmechaniken in spielfremden Kontexten.**

Dabei ist der letzte Aspekt von besonderer Bedeutung: spielfremder Kontext. Es geht also bei Gamification nicht, wie eigentlich für Spiele typisch, um einen Vorgang in einer getrennten Sphäre fern des „eigentlichen Lebens" und der „gewöhnlichen Welt"[14]; vielmehr soll und wird mit effektiver Gamification die „gewöhnliche Welt" anders gestaltet zugunsten von realen Veränderungen im „eigentlichen Leben".

Abgrenzung Serious Games, Game Based Learning und Gamification Based Learning

Parallel zum Megatrend[15] Gamification haben sich mit der Entwicklung der Computerspiele sogenannte Serious Games entwickelt. Serious Games sind (meist digitale) Spiele, die „seriösen" Zwecken, vor allem Bildung und Information, dienen und nicht primär oder ausschließlich der Unterhaltung, auch wenn sie unterhaltsam gestaltet sind (sonst erreichen sie ihren Zweck nicht). Der Unterschied zu reinen Unterhaltungsspielen,

---

11 Mayer (2009), S. 18
12 Z.B. McGonigal (2011), S. 19ff.
13 Deterding et al. (2011); Mayer (2009), S. 18
14 Huizinga (2015), S. 17, S. 21 u.ö.
15 https://www.aquilliance.de/gamification-unternehmen-entdecken-den-spieltrieb/

bei denen Menschen sehr häufig auch etwas beiläufig lernen (z.B. besser Schach zu spielen), liegt darin, dass die Serious Games von vornherein in ihrer Gestaltung darauf angelegt sind, dem Spielenden etwas Bestimmtes beizubringen. So lernen Kinder bei „Mensch ärgere Dich nicht" vielleicht, ohne Wutanfall zu verlieren, und Schach wurde eingesetzt zur Bildung von Adeligen in Sachen Strategie; aber diese Spiele sind nicht dafür entwickelt worden und werden meist auch aus anderen Gründen gespielt als zu Informations- und Bildungszwecken. Gleichwohl ist die Abgrenzung von reinen Unterhaltungsspielen einerseits und Serious Games andererseits oft schwierig, da die Einordnung in die eine oder die andere Kategorie letztlich von der Art und Weise der Verwendung und der Intention, die mit dem Spiel verbunden wird, abhängt.

Von Gamification unterscheiden sich Serious Games darin, dass ein Serious Game immer ein komplettes Spiel (mit einem ernsthaften Zweck) ist, während bei Gamification definitionsgemäß nur Spiel(design/mechanik)elemente eingesetzt werden und nicht unbedingt ein komplettes Spiel. Im Einzelfall kann diese Abgrenzung schwierig sein: Wenn ein Serious Game mit all seinen Elementen in einen spielfremden Kontext eingebettet wird – z.B. der Fortbildung dient –, wird dies gemeinhin als Gamification verstanden. Grob lässt sicher aber sagen: Ein komplettes Spiel mit (auch) „seriösem" Inhalt, das entwickelt wurde, um Bildungs- oder Informationszwecke zu verfolgen, ist ein Serious Game. Ausgangspunkt ist also ein Zweck wie Bildung, für dessen Verfolgung ein Spiel konzipiert wird, das als Stand-alone-Spiel funktioniert. Wird dagegen ein eigentlich spielfremder Kontext um Spielelemente erweitert, dann ist das Gamification; es wird also ein spielfremder Kontext variiert. Der Vorteil von Gamification gegenüber Serious Games: Gamification ist flexibler, denn es sind deutlich mehr Variationen möglich.[16]

Bei der Abgrenzung zwischen Gamification und Serious Games ist zu beachten, dass es viele Überschneidungen gibt. Das macht z.B. das als Schatzsuche gestaltete Spiel der New York Public Library „Find the Future" deutlich[17]: Ist das ein Serious Game, weil die Teilnehmenden dabei etwas lernen sollen, oder (auch) eine Gamification-Lösung zur Erschließung neuer Nutzergruppen? Vermutlich beides.

---

16 Werbach / Hunter (2012), S. 27
17 http://exhibitions.nypl.org/100/digital_fun/play_the_game

Abbildung 1: **Nicht alles Spielerische ist Gamification**[18]

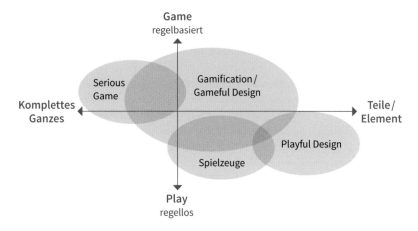

Seit Anfang des Jahrtausends hat sich auch im deutschsprachigen Raum zunehmend der Begriff „Game Based Learning" durchgesetzt (kurz GBL; deutsch: auf Spielen basierendes Lernen. Eine genaue Abgrenzung gibt es hier bisher ebenfalls nicht.[19] Der Begriff „Game Based Learning" umfasst sehr unterschiedliche Konzepte und Ansätze; aber letztlich geht es immer darum, Spiele zu Lern- und Bildungszwecken einzusetzen, d.h. Game Based Learning bettet Spiele in ein umfassenderes Lernszenario ein und verknüpft Spiel- und (andere) Lernangebote.[20] Spiele werden beim Game Based Learning also „ernst" genommen und pädagogisch eingesetzt, aber die eingesetzten Spiele sind nicht unbedingt Serious Games. Ob Game Based Learning von Gamification Based Learning zu unterscheiden ist,[21] ist umstritten, was mit der unterschiedlichen Definition von Gamification – gehört auch der Einsatz eines vollständigen Spiels in einer spielfremden Umgebung zu Gamification? – zusammenhängt.[22]

Eine weitere Kategorie sind sogenannte „Pervasive Games".[23] Dies ist ein Oberbegriff für Spielarten („Augmented Reality Games", „Ubiquitous

18 Eigene Grafik basierend auf Marczewski. Online unter: https://www.gamified.uk/gamification-framework/differences-between-gamification-and-games/
19 Fromme / Biermann / Unger (2010)
20 Kerres / Bormann / Vervenne (2009)
21 Shatz (2015); vgl. auch www.forbes.com/sites/forbesagencycouncil/2017/08/07/gamification-and-game-based-learning-which-is-right-for-your-business/#668d5d0f3538
22 https://en.wikipedia.org/wiki/Gamification_of_learning#cite_note-2012W-7, mit weiteren Nachweisen
23 Dazu ausführlich mit umfangreichen Nachweisen und Beispielen: Dreher (2008)

Computing Games" und ortsbezogene „Mobile Games"), bei denen eine Örtlichkeit der realen Welt - z.B. ein Marktplatz oder eine Schule - zum Spielfeld für ein auch digitales Spiel wird, in dem sich Teilnehmer im Rahmen des Spiels mit mobilem Equipment, etwa mit einem Mobiltelefon, real bewegen. Diese realen Orte und die Ortsveränderungen der Spielenden sind Komponenten des Spielverlaufs. Pervasive Games können Serious Games sein, also für Bildungszwecke oder andere „ernste" Ziele konzipiert werden; und Elemente von Pervasive Games - z.B. in Form von modernen Gestaltungen von Schatzsuchen oder Schnitzeljagd - sind auch für Gamification einsetzbar.

Nudging und Gamification

Im Jahr 2017 wurde der Nobelpreis für Wirtschaftswissenschaften an den Verhaltensökonomen Richard Thaler verliehen. In der Begründung hieß es: „Er machte die Wirtschaftswissenschaft menschlicher."[24] Einer breiteren Öffentlichkeit wurde Thaler durch ein Buch bekannt, das er gemeinsam mit dem Juristen Cass Sunstein schrieb. In diesem beschäftigten sich die Autoren mit dem Einfluss kleiner Anstöße auf menschliche Entscheidungen, die sie als „Nudge" (Stupser) bezeichnen.[25] Sie sehen darin eine Möglichkeit, das Verhalten von Menschen positiv zu beeinflussen.

Sowohl Nudging als auch Gamification sind motivationale Methoden, die v.a. Erkenntnisse der Verhaltenspsychologie nutzen. Es gibt jedoch Unterschiede. Nudging stupst Menschen in Richtung einer konkreten Entscheidung für ein bestimmtes Verhalten an und kann insofern als „sanfter Paternalismus" eingestuft werden. Gamification dagegen ist die motivationale Gestaltung eines Kontextes mit alternativen Wahlmöglichkeiten sowie Feedback auf bestimmte Entscheidungen. Gamification ist insofern erstens „liberaler" und hat zweitens Effekte, die nicht mit Nudging verbunden sind, nämlich persönliches Wachstum und Lernen durch Ausprobieren sowie Stärkung der intrinsischen Motivation.

Beispiel Führung: Beim Nudging fokussiert sich die Führungskraft auf die Frage: „Wie kann ich mit einem Stupser erreichen, dass das Team eine bestimmte Verhaltensweise annimmt (z.B. E-Mails zeitnäher beantwortet)?" Eine an Gamification orientierte

---

24 www.faz.net/aktuell/wissen/nobelpreise/wirtschaftsnobelpreis-geht-an-richard-thaler-15238055.html
25 Thaler / Sunstein (2009)

Führungskraft überlegt sich: „Wie schaffe ich die geeigneten Rahmenbedingungen, damit die Teammitglieder all ihre Fähigkeiten optimaler entwickeln und einsetzen können?" Der Gamification-Ansatz zielt darauf ab, dass sich das Team auf alle möglichen entstehenden Situationen selbstorganisiert anpasst – also auch auf Situationen, die von der Nudging-orientierten Führungskraft nicht vorausbedacht wurden bzw. werden konnten. Zudem trägt Gamification zur generellen Motiviertheit, Kreativität und Kompetenzentwicklung der Teammitglieder bei.

In einem entwickelten Land wie Deutschland wird Wertschöpfung durch Wissen in den kommenden Jahrzehnten der Haupttreiber sein. Produktivitätsbarrieren liegen damit künftig immer maßgeblicher beim Menschen selbst. Produktivitätssteigerungen hängen zunehmend von der Entfaltung und Entwicklung der persönlichen Lern-, Einsatz- und Kollaborationsbereitschaft jedes Einzelnen ab.

3. Spielen als elementarer Bestandteil der menschlichen Entwicklung und Entfaltung

„Der Mensch ... ist nur da ganz Mensch, wo er spielt", schrieb Friedrich Schiller. Ist Spielen also typisch für das Menschsein? Dagegen könnte man einwenden, dass auch Tiere spielen. Das Spielen gab es also schon, bevor im Zuge der Evolution die Spezies Mensch auftauchte.[1] Unbestritten ist jedoch, dass Menschen seit jeher gespielt haben (siehe Kasten).

Spielen gehört zur menschlichen Natur und Kultur

Das Spiel zieht sich durch alle Epochen und Kulturen. Dem entsprechend gehören Funde zu Spielen zu den frühesten Zeugnissen menschlicher Kultur, wie z.B. Höhlenzeichnungen aus Frankreich oder Brettspiele aus dem alten Ägypten (3100 v. Chr.).[2] Dafür, dass Spiele auch zweckgerichtet seit Langem zum Einsatz kommen, gibt es frühe Belege: So beschrieb der griechische Historiker Herodot 500 Jahre v. Chr., wie es (angeblich) 700 Jahre zuvor die Lyder mittels verschiedener Spiele vermochten, eine lange während Hungersnot über Jahre zu ertragen.[3] Das Zahlenlotto Keno, das auffällige Regelübereinstimmungen mit dem heutigen Bingo aufweist, wurde vor gut 2.000 Jahren eingesetzt, um die Chinesische Mauer zu finanzieren.[4]

Der Mensch als Spielender: Homo ludens ist ein Begriff, der vor allem durch das gleichnamige Werk des dänischen Historikers Johan Huizinga seit 1939 Furore machte.[5] Ihm zufolge hat sich die menschliche Kultur im weitesten Sinne aus spielerischen Verhaltensweisen und Erfahrungen entwickelt. Der Mensch sei eben nicht bloß vernünftig, also Homo sapiens, und auch nicht primär der seriös Schaffende Homo Faber, sondern gleichermaßen ein spielendes Wesen, eben Homo ludens. Zu dieser Sichtweise kommen auch der Hirnforscher Gerald Hüther und der Philosoph Christoph Quarch. Sie plädieren in einem aktuellen Buch für die Wiederentdeckung des Spiels. Anders als Schiller, Huizinga und Marcuse können sie auf Ergebnisse der modernen Neurowissenschaft verweisen: Im Spiel entfalten Menschen ihre Potenziale, unser Gehirn läuft zur

---

1   Freyermuth (2015), S. 47 mit weiteren Nachweisen; Crawford (2010)
2   Freyermuth (2015), S. 47
3   www.scienzz.de/magazin/art9801.html
4   https://de.wikipedia.org/wiki/Spiel#cite_note-19
5   Huizinga (2015)

Hochform auf, sobald wir es spielerisch nutzen, und dem entspreche die Wertschätzung des Spiels in früheren Kulturen.[6]

Dass Spielen zum Kern des Menschseins gehört, wurde – nach zeitweiser Verfemung des Spielens in Europa im Mittelalter – aber schon zuvor vertreten[7] und ist mittlerweile auch auf UN-Ebene anerkannt: Spielen wird im theoretischen Konzept des „Capability Approach" zu den grundlegenden menschlichen Befähigungen gezählt,[8] die zu praktizieren zu einem gelingenden Leben gehören, und nach Maßgabe des Capability-Ansatzes wiederum wird im jährlich veröffentlichten Weltentwicklungsbericht der Vereinten Nationen die menschliche Entwicklung aufgezeigt.[9]

Positive Effekte des Spielens

Für die Beobachtung, dass Spielen zur Entfaltung des Menschseins gehört, werden unterschiedliche Erklärungen ins Feld geführt. Einige verweisen auf die Evolutionsgeschichte und sehen Spiele – bereits bei Tieren – als von der Natur eingerichteten Lernmechanismus. Mit Spielen kann zunächst gefahrlos und „straflos" ausprobiert und geübt werden, was später lebensnotwendige Fähigkeiten sind. Gut belegt sind mittlerweile Forschungsergebnisse, die die Bedeutung von Spielen für die Gehirnentwicklung von Kindern und Jugendlichen nachweisen.[10] Grob zusammengefasst: Vor der Geburt dominieren zunächst die genetisch determinierten molekularen Programme, die durch die auf den Fetus einwirkenden Umwelteinflüsse nur in relativ geringem Maße moduliert werden. Bei der Geburt nimmt dann die Komplexität der erfahrbaren Umwelt noch einmal sprunghaft zu. Die neu hinzukommenden sensorischen, motorischen und vor allem auch die emotionalen Erfahrungen übernehmen jetzt die Regie über die genetischen und molekularen Programme, um die weitere Hirnentwicklung optimal auf die Umwelt- und Lebensbedingungen des heranwachsenden Individuums abzustimmen. Spiele bieten Lernerfahrungen, die die Reifung und Funktionsweise des

---

6   Hüther / Quarch (2016)
7   Vgl. z.B. Buytendijk (1933). Als notwendiger Teil des menschlichen Lebens wurde das Spielen bereits von Thomas von Aquin eingestuft.
8   Nussbaum (2006), S. 69ff.
9   Stampfl (2012), S. 45f.
10   www.kita-fachtexte.de/uploads/media/KiTaFT_Hoeke_2011.pdf mit weiteren Nachweisen

Gehirns des Kindes modulieren.[11] Aber das würde nur das Spielen vor Eintritt ins Erwachsenenalter erklären. Während das Gehirn noch bis in die Pubertät hinein wächst und moduliert wird,[12] gilt für die Lebensphasen danach eher: „Use it or loose it."

Die Bedeutung des Spielens geht aber über das Lernen und Trainieren offensichtlich hinaus. Auch hier lieferten Beobachtungen aus der Tierwelt zusätzliche Hinweise: Berühmt geworden ist ein Film, der dokumentierte, wie ein hungriger Eisbär, der sich angebundenen und damit relativ wehrlosen Hunden näherte, die im wahrsten Sinne des Wortes ein gefundenes Fressen für ihn waren, von den potenziellen Opfertieren durch Verführung zum Spiel von jeglichem aggressiven Verhalten abgebracht wurde.[13] Spielen scheint insofern noch weitere Funktionen im Laufe der Evolution zu haben: Minderung von Aggression und Konfliktvermeidung, Herstellung und Pflege von Bindungen sowie schlicht die Erzeugung von Wohlbefinden. Und beim Menschen kommt noch ein weiteres Element hinzu: die Entfaltung und Stärkung seiner Kreativität. Sogenannte nicht lineare Innovationen, also solche, die nicht nur Bestehendes ein bisschen verbessern, sondern wirklich neuartige Erkenntnisse und Lösungen hervorbringen, entstehen eben nicht durch Fleiß und Transpiration, sondern durch spielerische Kreativität.

Gamification als Chance für mehr Chancengleichheit in der Bildung [14]

Das Thema Heterogenität steht seit längerer Zeit im Mittelpunkt vor allem schulpädagogischer Diskurse. Die Herausforderung ist, Lernende mit unterschiedlichen Fähigkeiten, Hintergründen und Möglichkeiten individuell zu fördern. Die Debatte um heterogenitätsorientierte Lehre und die daraus entstehenden Herausforderungen werden schon seit längerer Zeit geführt – vor dem Hintergrund des Anliegens, chancengleiche Bildung zu ermöglichen.

---

11 Aus der umfangreichen Literatur sei beispielhaft erwähnt: Bransford / Brown / Cocking (Hg.) (1999); Eliot (2001); Elschenbroich (2000); Newberger (1997); Rushton (2001); Shore (1997)
12 http://www.spiegel.de/wissenschaft/mensch/neurologie-gehirnentwicklung-erfolgt-noch-bis-zur-pubertaet-a-68321.html
13 https://www.youtube.com/watch?v=5bcl0yrHPwk
14 Vgl. dazu http://www.excitingedu.de/digitale-bildung-heterogenitaet/amp/?__twitter_impression=true

Um den individuellen Merkmalen und Bedürfnissen der Lernenden gerecht werden zu können, ist ein hohes Maß an Binnendifferenzierung elementar. Gamifizierte Gestaltung von Bildungsmaßnahmen kann hier hilfreich sein. Sie ermöglicht es den Lernenden, in ihrem eigenen Tempo selbstständig zu lernen und individuelle Aufgaben zu bewältigen. Die Rolle des Lehrenden verändert sich dadurch.

Der Einsatz von Gamification ist von den jeweiligen örtlichen wie finanziellen Gegebenheiten mit abhängig. Darüber hinaus ist die entsprechende Kompetenz der Lehrenden zentral. Aber diesbezügliche Weiter- und Fortbildungsstrategien gibt es bisher kaum. Die Möglichkeiten der gamifizierten Bildung erlauben es Lehrenden, die Heterogenität ihrer Schülerinnen und Schüler stärker zu berücksichtigen; dies kann zu größerer Chancengleichheit führen und in einer stärkeren Motivation seitens der Lernenden resultieren. Dafür ist es jedoch notwendig, Gamification in die Lehreraus- und -fortbildung zu integrieren.

4. Elemente von Spielen

Es geht bei Gamification darum, Elemente, mit denen Spiele gestaltet werden, in die spielfremde Umgebung einzubauen und damit diese Wirklichkeit zu verändern. Aber was sind die Elemente, die ein Spiel ausmachen? Weil Spiele höchst unterschiedlich sind, ist diese Frage gar nicht so leicht zu beantworten.

Kernelemente

Johan Huizinga zufolge ist der Begriff des Gewinnens engstens mit dem Spiel verbunden. Um das Gewinnen geht es allerdings vor allem dann, wenn man gegen eine andere Person spielt.[1] Es gibt jedoch eine Reihe von Spielen, die unstrittig als Spiele eingestuft werden, die man jedoch allein und eben ohne Gegner spielt. Das gilt für althergebrachte Spiele wie Patience (digital: Solitär) oder das von Jane McGonigal entwickelte Selbstoptimierungsspiel SuperBetter[2]. Das populäre (digitale) Bauernhof-Spiel My Little Farmies[3] kann zwar auch zu mehreren gespielt werden, aber es gibt eben keinen zu gewinnenden Wettbewerb im engeren Sinne. Im Gegenteil: Wer im Rahmen dieses Spiels seine „Mitbauern" virtuell beschenkt oder ihnen auf andere Weise hilft, kann damit die meisten Punkte und eher ein höheres Level erreichen. Wettbewerb und Gewinnen(können) gehören somit offensichtlich nicht zu den notwendigen Kernelementen eines Spiels.

Was Patience, Monopoly, My Little Farmies, Mensch ärgere Dich nicht und World of Warcraft gemeinsam haben und als Spiele qualifizieren, scheint heute schwieriger zu beantworten zu sein denn je, weil es mittlerweile Spiele in so vielen verschiedenen Formen und Genres wie nie zuvor gibt. Sieht man die Unterschiede aus, bleiben – so Jane McGonigal[4] – vier Kernelemente übrig, die allen Spielen zugrunde liegen: ein Ziel, Regeln, freiwillige Teilnahme und ein „Feedbacksystem".

Johan Huizinga zählte zum Spiel noch zusätzlich die Begleitung der Spielhandlung von einem Gefühl der Spannung und Freude und einem Bewusstsein des „Andersseins" als das „gewöhnliche Leben".[5] Indes sind Gefühl, Freude und Bewusstsein des „Andersseins" aber nicht das, was ein Spiel selbst ausmacht, sondern etwas, was das Spiel häufig bewirkt und wesentlich ist für die Motivation zum Spielen.

---

1   Huizinga (2015), S. 61
2   https://www.superbetter.com
3   https://mylittlefarmies.upjers.com/de/farmer-spiele
4   McGonigal (2012), S. 33
5   Huizinga (2015), S. 21ff.

Die Forscher Kevin Werbach und Dan Hunter betonen, dass Spiele immer Wahlmöglichkeiten bieten.[6] Das dürfte zutreffend sein. Die Entscheidungen zu Wahlmöglichkeiten führen zu Konsequenzen – mithin Feedback –, was ohne Wahlmöglichkeiten keinen Sinn ergäbe. Kernelemente eines jeden Spiels sind also

* ein Ziel,
* Regeln,
* die freiwillige Teilnahme,
* Wahlmöglichkeiten und
* ein „Feedbacksystem".

Dies sind die wesentlichen Bausteine, die wir für eine Gamification-Lösung in spielfremde Kontexte integrieren können.

Funktion der Kernelemente von Spielen

Betrachten wir darum zunächst einmal diese Kernelemente eines Spiels genauer. Was ist ihre Funktion?

Das Ziel lenkt die Aufmerksamkeit der Spielenden in eine geeignete Richtung und vermittelt den „Sinn" des Spiels.

Die Regeln erschweren es den Spielenden, das Ziel zu erreichen. Wegen dieses Kernelements – geregelte Erschwernis – definiert der Philosoph Bernhard Suits das Spielen auch als freiwilligen Versuch, „unnötige Hindernisse" zu überwinden.[7] Erst diese „unnötigen Hindernisse" machen das Spiel zu einer interessanten Herausforderung. Sie schränken einerseits ein, bieten aber andererseits die Chance, in jedem Stadium des Spiels über Wahlmöglichkeiten nachzudenken und mittels der eigenen Fähigkeiten, also selbstwirksam, eine möglichst optimale Auswahlentscheidung zu finden. Bei manchen – und wohl immer mehr – modernen Computerspielen sind den Spielenden indes zu Beginn keine Regeln des Spiels bekannt. Damit wird ein zusätzliches „unnötiges Hindernis" errichtet: Die Spielenden müssen erst noch beim Spielen herausfinden, welche Regeln gelten. Und oft gilt das sogar für das Ziel des Spiels. (Die wachsende Beliebtheit solcher Spiele ist ein Indiz dafür, dass, je unnötiger und schwerer die Hindernisse sind, umso motivierender das Spiel „funktioniert".)

---

6   Werbach / Hunter (2012), S. 38ff.
7   Suits (2014), S. 38

John Rawls und der Aristotelische Grundsatz

„Unter sonst gleichen Umständen möchten die Menschen gern ihre (angeborenen oder erlernten) Fähigkeiten einsetzen, und ihre Befriedigung ist desto größer, je ... komplizierter die beanspruchte Fähigkeit ist."[8]

Das Element der freiwilligen Teilnahme trägt dazu bei, dass diese Herausforderung nicht unangenehm, sondern als geradezu beglückendes Wechseln in eine Sphäre der Selbstbestimmung und jenseits des „gewöhnlichen Lebens" empfunden wird. Es ist vielleicht harte „Arbeit", aber ich gestalte sie selbst und kann ja jederzeit aufhören. (Wenn der Spielende dagegen am Spiel teilnehmen muss, ist es eigentlich gar kein Spiel mehr – was beim Einsatz von Lernspielen z.B. in Unternehmen oder durch ambitionierte Eltern oder Pädagogen manchmal vergessen wird. Beim aufgezwungenen Spiel werden positive Effekte des (Lern-) Spiels partiell unterminiert.)[9]

Das „Feedbacksystem" – Punkte, Fortschrittsbalken, Fortkommen auf einem Spielbrett, Erreichen eines „Levels" oder Ähnliches – gibt den Spielenden unmittelbar Orientierung, ob ihre Auswahlentscheidung zielführend war und wo sie auf dem Weg zum Ziel stehen. Wenn die Entscheidung im Spielverlauf zielführend war, vermittelt dieses unmittelbare Feedback ein sofortiges Erfolgserlebnis. Wenn es nicht erfolgreich war, gibt es gleichwohl sofort wieder alternative Wege und die erneute Herausforderung, eine gute neue Entscheidung zu finden, um dem Ziel doch noch näherzukommen, was auch bei einzelnen „Fehlentscheidungen" zum Weiterspielen motiviert, solange das Ziel noch nicht erreicht ist. Daraus folgt auch: Wenn ich ein Spiel so gut beherrsche, dass ich immer den optimalen Weg weiß und auf diesem Weg trotz der Hindernisse problemlos das Ziel erreiche, ist das nicht etwa motivierend wegen des sicher einzufahrenden Erfolgs, sondern langweilig-unterfordernd und motiviert darum gerade nicht dauerhaft zum Weiterspielen, sondern zur Abwendung vom Spiel.

Umgekehrt ist die Chance, dass ich tatsächlich das Ziel überhaupt erreichen kann, kein notwendiges Element eines Spiels. Gewinnen zu können gehört eben, wie oben dargelegt, nicht zu den Kernelementen eines Spiels. So ist z.B. das populäre digitale Bauklötzchenstapel-Spiel

---

8   Rawls (1991), S. 464, mit weiteren Erläuterungen
9   Dazu ausführlicher unten, siehe S. 52

Tetris,[10] das von manchen als das „beste Computerspiel aller Zeiten"[11] bezeichnet wird, überhaupt nicht gewinnbar, weil es im Spielverlauf immer schwerer wird – ab einem bestimmten Punkt verlieren alle, die Tetris spielen. Aber Tetris bietet die Möglichkeit, dem Ziel näherzukommen, und Tetris hat – neben dem unerreichbaren Ziel – Regeln, ein kombiniertes Feedbacksystem und solange die Spielenden noch nicht so besonders fähig spielen, bleibt das Spiel einfacher.

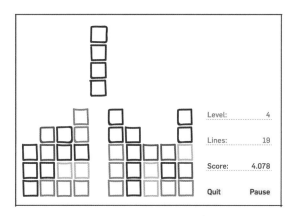

Spielfeatures

Neben den fünf Kernelementen gibt es aber noch zusätzliche Elemente. Oft sind eben doch Wettkampf und Gewinnen wesentliche Teile eines Spiels, ferner Interaktivität, eine zugrunde liegende Geschichte (Story), bei digitalen Spielen auch Sound und ästhetische Gestaltung. Dies sind jedoch nicht Elemente, die ein Spiel zum Spiel machen, sondern es sind Variationsmöglichkeiten, die das Spiel und das Spielerlebnis erweitern und damit unter Umständen noch interessanter, faszinierender oder aus anderen Gründen für manche Menschen attraktiver machen können.

Wenn wir die positiven Effekte von Spielelementen in spielfremden Kontexten nutzbar machen wollen, kommt es darauf an, dass wir uns nicht auf die Spielergänzungselemente beschränken, denn sonst geht die von Spielen ausgehende Wirkkraft verloren. Um es bildlich zu erklären: Ein Auto kann eine Klimaanlage, ein tolles Musiksystem oder Sitze mit Massagefunktion haben und diese Ausstattungen können im konkreten

---

10 www.gamesbasis.com/tetris.html
11 McGonigal (2012), S. 36

Fall dafür mitentscheidend sein, dass Menschen gern mit genau diesem Auto fahren. Aber es sind keine notwendigen oder gar hinreichenden Bestandteile dafür, dass es sich überhaupt um ein Auto handelt. Wer fahren will, kommt mit einer bloßen Musikanlage kaum vom Fleck.

Für uns heißt das: Wir sollten die Ergänzungselemente von Spielen im Auge behalten für Gamification, aber eben nur als Zusatzausstattung zur Stärkung der wesentlichen Spielelemente und -mechaniken. Dass viele Versuche mit Gamification nicht funktionieren, hat seinen Grund oft darin, dass solche Gestaltungen in erster Linie aufwendige Spielzusatzelemente bieten, aber die Kernelemente von Spielen fehlen oder schwach gestaltet sind.[12]

Auch wenn Spielfeatures nicht erforderlich sind, damit etwas zum Spiel wird, so sind sie doch hoch bedeutsam. Um es wiederum an einem Beispiel zu illustrieren: Neben den Grundbausteinen sind auch Ornamente, Farben und andere Ergänzungen für die Wirkung eines Baus und seine Besonderheiten relevant und die Klimaanlage, ergonomische Sitze oder das Soundsystem können das Fahrerlebnis in einem Auto erheblich beeinflussen.

Seit 2010 haben Wissenschaftler nach solchen „Features" gesucht und sie unterschiedlich eingeteilt. Diese Spielfeatures lassen sich verschiedenen Kategorien zuordnen, z.B. den folgenden:
- Komponenten (z.B. Punkte)
- Mechanik, also Verknüpfung von Komponenten (z.B. Levels, Ranglisten)
- Dynamiken, also Prozesse, die durch die Mechanik ausgelöst werden (z.B. Wettbewerb oder Kooperation)

Als weiteres Element kann auch die Spielästhetik höchst bedeutsam sein, die die Spielenden an der Schnittstelle zwischen sich selbst und dem Spiel wahrnehmen und die ihr Spielerlebnis und damit die subjektive Spielwirkung erheblich beeinflussen kann. Manche teilen die Features auch anders in Gruppen ein.[13]

Wenn man nun alles, was Wissenschaftlerinnen und Wissenschaftler an Features fanden, auflistet – egal ob diese nun häufig und typischerweise oder nur ausnahmsweise bei Spielen vorkommen –, dann wird das eine schier grenzenlose Aneinanderreihung. Beschränken wir uns für

---

12   Werbach / Hunter (2012), S. 28; Chou (2016), S. 11, verweist auf eine Prognose der Beratungsgesellschaft Gartner, wonach 80 Prozent aller Gamification-Lösungen aufgrund von undurchdachten Designs zum Scheitern verurteilt sind.

13   Sailer (2016), S. 22ff., mit umfangreichen Nachweisen

eine nähere Betrachtung also auf „charakteristische"[14] Ergänzungselemente, die in den meisten, aber nicht allen Spielen vorkommen.[15]

Abbildung 2: Verschiedene Perspektiven von Spielnutzern und Spieldesignern

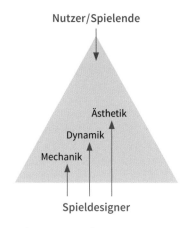

Nutzer/Spielende

Ästhetik

Dynamik

Mechanik

Spieldesigner

Nutzerinnen und Nutzer nehmen die Gamification-Anwendung anders wahr als Designer.[16]

Punkte

Ein typisches Feature sind numerische Repräsentationen des Spielfortschritts, vor allem in Form von Punkten. Sie geben unmittelbares Feedback, das wiederum – siehe oben – zu den Kernelementen von Spielen gehört. Diesem Feature kommt wegen seiner Bedeutung für das Feedback besonderes Gewicht zu. Feedback ist essenziell zum Aufbau von Reiz-Reaktions-Verbindungen, kann ein Flow-Erlebnis – dazu unten mehr (S. 40f.) – hervorrufen und für die Entstehung von Kompetenzerlebnissen hoch relevant sein.[17] Empirisch ist belegt, dass Feedback in Form von Punkten die Leistung von Nutzerinnen und Nutzern bzw. Spielenden steuert, und es kann, so der wissenschaftliche Befund, insofern leistungsfördernd wirken. Andere Effekte wie z.B. Motivationssteigerung sind beim Einsatz von Punkten manchmal, aber keineswegs

---

14 Die Frage, was charakteristisch ist, ist umstritten. Vgl. Sailer (2016), S. 19, mit weiteren Nachweisen

15 Dazu Sailer (2016), S. 19f., mit weiteren Nachweisen

16 Eigene Grafik basierend auf Leblanc et. al. Online unter: www.cs.northwestern.edu/~hunicke/pubs/MDA.pdf

17 Dazu umfassend Rigby/Ryan (2011)

immer beobachtbar.[18] Darum ist denen zuzustimmen, die sich dagegen aussprechen, Punkte als eines der Wundermittel für Gamification einzustufen oder gar zu meinen, dass allein mit diesem Feature und vielleicht noch Fortschrittsbalken oder Ranglisten eine funktionierende Gamification-Lösung gebaut werden könnte.[19] Dieser Irrtum ist vermutlich ein Hauptgrund dafür, warum so manche Gamification-Lösung nicht „funktioniert".

Leistungsgraphen

Eine dynamische Version des Feedbacks sind Leistungsgraphen. Damit werden nicht nur das Erreichen von bestimmten Zielen und das Erledigen von Aufgaben, sondern auch individuelle Leistungsschwankungen im Zeitverlauf für die Spielenden sichtbar. Das wirkt motivierend, denn auch Leistungsschwächere bekommen, wenn die Kurve nach oben geht, positives Feedback, selbst wenn sie eine bestimmte absolute Stufe oder Punktezahl nicht erreichen.[20]

Abzeichen (Badges)

Ein weiteres, häufig verwendetes Feature sind Abzeichen (Badges). Sie repräsentieren – wie das Seepferdchen beim Schwimmunterricht – das Erringen bestimmter Kompetenzen oder Ziele. Abzeichen erfüllen eine Reihe von Funktionen. Sie fordern die Spielenden heraus, machen die Anstrengung beim Überwinden von Schwierigkeiten lohnend und wirken motivierend. Dies ist umso mehr der Fall, wenn Abzeichen mit Konsequenzen verbunden werden (z.B.: Du darfst, wenn du das Abzeichen erreicht hast, dieses und jenes). Wenn mehrere Abzeichen alternativ als erreichbar angeboten werden, erhöht dies die Wahlmöglichkeiten der Spielenden; außerdem kann bereits diese Liste mit Alternativen die Spielenden über verschiedene erwünschte Aktivitäten informieren und damit ihr Verhalten beeinflussen.[21] Darüber hinaus funktionieren Abzeichen – schlicht, aber effektiv – oft als Statussymbole.[22] Sie wirken jedoch nicht nur nach außen, sondern erinnern die Spielenden selbst, was sie erreicht haben, geben also auch Feedback. Und wenn eine Gruppe Spielender das Abzeichen gemeinsam errungen hat, fördert dies auch den solidarischen Gruppengeist.[23]

---

18 Nachweise bei Sailer (2016), S. 31
19 Chou (2016), S. 17f.
20 Kopp / Mandl (2014), S. 29ff., mit weiteren Nachweisen
21 Antin / Churchill (2011)
22 Koch / Ott / Oertelt (2013), S. 11f.
23 Antin / Churchill (2011)

Rang- oder Bestenlisten

Rang- oder Bestenlisten (z.b. Leaderboards und Score Lists) sortieren die verschiedenen Spielenden nach einer bestimmten Variablen oder zeigen auf dem Spielbrett den unterschiedlichen Fortschritt aller. Sie haben in der Regel einen stark kompetitiven Charakter[24] und werden auch darum zum Teil kritisch betrachtet. Sie lenken die Nutzerinnen und Nutzer unter Umständen von der Orientierung an individuellem Erreichen eines Ziels oder Erledigen einer Aufgabe weg auf den Vergleich zu anderen – die Wissenschaft nennt das „soziale Bezugsnorm-Orientierung". Misserfolg (und bereits die Angst vor Misserfolg) kann dann demotivierend und damit leistungsmindernd wirken. Auf der anderen Seite geben Bestenlisten oder Ranglisten auch Feedback, wirken zielführend und können konstruktive Formen von Wettbewerb auslösen – entscheidend ist die jeweilige Gestaltung.[25]

Team-Bestenlisten ermöglichen Gruppen, sich miteinander zu vergleichen und / oder in gruppenweisen Wettbewerb zu treten. Sie geben die zusätzliche Chance, gemeinsame Erfahrungen zu machen, soziale Eingebundenheit und Kooperation zu fördern – das ist bekannt aus dem Mannschaftssport.

Rahmenhandlung (Story)

Eine Rahmenhandlung (Story) bettet das Spiel in eine Geschichte ein. Teilweise wird das damit verbunden, dass sich die Spielenden (bzw. ihre Spielfiguren / Avatare) weiterentwickeln, z.B. durch zusätzliche Eigenschaften. Dies kann je nach Gestaltung mehrere Effekte haben: Es kann die Erfahrung, die sich mit einem Spiel ohnehin verbindet, um die Erfahrung von wachsender Bedeutsamkeit anreichern,[26] und die Notwendigkeit, bestimmte Entwicklungen der Spielfigur im Spielverlauf hinzubekommen, kann Ziele setzen. Die spielende Erfahrung in der Geschichte kann auch eine gemeinsame mit anderen sein, den Spielenden also soziale Einbindung ermöglichen, und ein gemeinsames oder für die einzelnen Mitspielenden jeweils gleichartiges Ziel kann auf Motivation und Verhalten erheblichen Einfluss ausüben.[27]

---

24 Crumlish / Malone (2009)
25 Nachweise zu verschiedenen Studien bei Sailer (2016), S. 36f.
26 Laschke / Hassenzahl (2017)
27 Z.B. Ernährungsverhalten von Jugendlichen; vgl. Jones / Madden / Wengreen (2014)
28 Siehe https://www.researchgate.net/publication/261919002_The_FIT_Game_ Preliminary_Evaluation_of_a_Gamifica tion_Approach_to_Increasing_Fruit_and_ Vegetable_Consumption_in_School

The Fit Game

In einer Grundschule in Utah wurden zur Erhöhung des Obst- und Gemüsekonsums die Auswirkungen des Einsatzes von Spielelementen auf das Ernährungsverhalten der Schülerinnen und Schüler getestet und wissenschaftlich begleitet. Im Herbst 2013 wurden von Lehrkräften an bestimmten Tagen Belohnungen für heldenhafte Charaktere in einer fiktiven Erzählung verliehen, wenn die Schule als Ganzes ein Obst- oder Gemüsekonsumziel in Übereinstimmung mit der alternierenden Gestaltung der Geschichte erfüllte.

An den Interventionstagen erhöhte sich der Obst- und Gemüsekonsum der Schüler um jeweils mehr als 30 Prozent. Lehrerbefragungen zeigten, dass die Schüler das Ganze (die Kombination von Erzählung und Spielelementen) genossen, und die Lehrenden empfahlen eine Verwendung in anderen Schulen.

Diese gamifizierte Intervention bietet einen vielversprechenden Ansatz zur Entwicklung einer kostengünstigen, effektiven und nachhaltigen Intervention, die Schulen ohne Hilfe von außen durchführen können.[28]

Spielfiguren (Avatare)

Spielfiguren (Avatare) repräsentieren die Spieler. Sie können simpel gestaltet sein – wie bei Mensch ärgere Dich nicht – oder aufwendig wie in manchen modernen digitalen Spielen. Solche Figuren haben die wichtige Funktion, dass sich die Spielenden mit ihnen identifizieren, also imaginär die Perspektive und/oder Emotion des Charakters übernehmen. Solche Identifikationsmöglichkeit und damit die Möglichkeit des Erlebens aus der Perspektive des anderen mich Repräsentierenden gilt als ein wesentlicher Treiber für die Nutzung von entsprechenden Medien und Spielen.[29] Dass sich dieser Identifikationseffekt auch höchst wirkungsvoll für Gemeinwohlziele nutzen lässt, zeigt der erfolgreiche Einsatz von Seifenopern, deren Charaktere Identifikationsmöglichkeiten anbieten, z.B. in der Aids-Bekämpfung, politischen Bildung und für andere Gemeinwohlzwecke.[30] Die sehr umfangreichen Möglichkeiten, die sich vor allem mit digitalen Spielen bieten, gehen jedoch darüber hinaus, was die Identifikation mit Figuren in TV-Serien oder Spielfilmen bewirken kann.

---

29 Vgl. dazu z.B. Cohen (2001), mit weiteren Nachweisen
30 Vgl. Fleisch/Campenhausen (2002); Konrad-Adenauer-Stiftung (2001); Deutsche Stiftung Weltbevölkerung (2002)

5. Warum lassen sich Menschen von Spielen faszinieren?

Von Alexander von Humboldt stammt der Ausspruch: „Der Ernst ... muss nicht störend in das Wirken im Leben eingreifen. Er bekommt sonst ... das Leben selbst Verleidendes." Ist das ein Hinweis, warum Menschen aus dem Ernst des „gewöhnlichen Lebens" ins Spiel „fliehen"? Anders gefragt: Wie kommt es eigentlich, dass Menschen so im Spiel aufgehen? Eine Antwort auf diese Frage lässt sich vermutlich fruchtbar machen für den effektiven Einsatz von Spielelementen im Gemeinwohlbereich.

„Spiele machen uns glücklich, weil sie harte Arbeit bedeuten, die wir uns selbst aussuchen", meint die Gamification-Forscherin Jane McGonigal.[1] Spiel bedeutet Arbeit und macht darum glücklich? Diese These überrascht. Denn lange Zeit – und zum Teil bis heute – wurde Spiel genau als das Gegenteil von Arbeit definiert und der Homo ludens gerade in Abgrenzung zum Homo Faber postuliert.[2] Selbst wenn man McGonigals These – Spiel ist Arbeit – zustimmt, beantwortet dies noch nicht die Frage, warum uns dieses spielende Tun glücklich macht. Der zweite Teil ihrer Aussage könnte aber ein Hinweis darauf sein, warum Spielen uns besondere Freude macht: Es handelt sich beim Spiel um eine Tätigkeit, „die wir uns selbst aussuchen". Allerdings: Freiwillig tun wir auch anderes, ohne es so zu empfinden wie ein Spiel, z.B. ehrenamtliches Engagement oder Basteln im Hobbykeller. Warum also verursacht Spielen auf ganz besondere Weise Freude, Wohlbefinden und manchmal noch mehr?

Spiel als Befriedigung von Urbedürfnissen

Der Hirnforscher Gerald Hüther, der jüngst zusammen mit dem Philosophen Christoph Quarch das Buch „Rettet das Spiel" veröffentlicht hat,[3] verweist auf die Prägungen des menschlichen Gehirns. Immer dann, wenn uns etwas „unter die Haut" geht, werden die emotionalen Zentren im Gehirn aktiviert und neuroplastische Botenstoffe ausgeschüttet. Sie wirken wie Dünger auf andere Verschaltungen im Gehirn. Ein Spiel kann Hüther zufolge genau dieses erreichen. Und es bewirkt, wie heute auch naturwissenschaftlich nachweisbar ist, noch mehr: eine Verringerung des Sauerstoffverbrauchs aufgrund verminderter Aktivität der Nervenzellverbände im Bereich derjenigen Hirnregion (Amygdala), die

---

1   McGonigal (2012), S. 42
2   Umfassender Überblick mit umfangreichen Nachweisen bei Meißner (2012)
3   Hüther / Quarch (2016)

immer dann besonders aktiv wird, wenn wir Angst haben.[4] Ein Spiel kann somit gleichzeitig drei Effekte bewirken:

- Verringerung von als negativ empfundener Angst und diesbezüglicher „Schmerzen",
- Aktivierung und Verknüpfung der Gehirnnetzwerke und des darin gespeicherten Wissens, die unsere kreativen Potenziale und Denkfähigkeiten ausmachen (linke und rechte Gehirnhälfte),
- Aktivierung der Belohnungszentren-Neuronenverbände im Mittelhirn, die dann vermehrt Glücksstoffe ausschütten, wenn uns etwas gelingt.[5]

Darum werden Menschen beim Spielen, so das Ergebnis auch naturwissenschaftlicher Forschung, gleichzeitig fähiger (kognitiv und kreativ), glücklicher und - für das Wohlbefinden ebenfalls mit entscheidend[6] - optimistischer.

Warum? Weil unser Gehirn von den frühen Erfahrungen des Menschen bei seiner Entwicklung im Mutterleib entsprechend geprägt wird:

- die Erfahrung des eigenen Wachsens - körperlich und in unserer Kompetenz,
- die Erfahrung, dass Neues / Unbekanntes zu unserem Wachstum beiträgt,
- die Erfahrung, dass wir verbunden sind mit (einem) anderen Menschen,
- und schließlich die frühe Erfahrung, dass zunächst gewissermaßen alles zusammenpasst - unser Stadium des Wachsens, unsere Verbindung mit einem Menschen und vor allem unsere Fähigkeiten mit unserer jeweiligen Entwicklung.

Diese Erfahrung tragen wir mit uns, weil sie unser Gehirn schon in seiner Entstehung substanziell strukturiert hat. Und wenn wir dann auf die Welt kommen, kommen weitere Erfahrungen hinzu, die im Hirn gewissermaßen gespeichert werden und sich zu einer inneren Haltung verdichten. Solche Erfahrungen sind immer sowohl kognitiv als auch emotional und prägen unsere Haltung; und diese tief im Hirn gespeicherten inneren Einstellungen wirken als „Ketten, denen man sich nicht

---

4   Hüther / Quarch (2016), S. 19f.
5   Hüther / Quarch (2016), S. 18
6   Vgl. beispielsweise Cirna (1983); Luthans / Avey / Avlio / Peterson (2010); Cameron / Mora / Leutscher / Calarco (2011); Hanssen / Vancleef / Vlaeyen / Hayes / Schouten / Peters (2015)

entreißt, ohne sein Herz zu zerreißen", wie Karl Marx es treffend ausdrückte.[7]

Mangel ist schmerzlich

Diese Marxsche These, dass ein Widerspruch zu den im Gehirn tief verankerten Erfahrungen und damit einhergehenden Bedürfnissen emotional höchst schwierig und darum unangenehm ist, kann die Neurowissenschaft heute zunehmend besser nachweisen. Solch eine Unstimmigkeit aktiviert das Schmerzzentrum, das auch für körperlichen Schmerz „zuständig" ist. Diese Unstimmigkeiten führen also zu schmerzlichen Empfindungen. Darum sprechen wir zutreffend von „Verletzung von Gefühlen". Denn das Schmerzzentrum des Gehirns wird auch aktiviert, wenn unsere Bedürfnisse a) nach eigenem und zu unserem Entwicklungsstand passenden Wachstum, b) nach menschlicher Verbundenheit und c) nach Möglichkeiten der eigenständigen Exploration missachtet werden.

Schmerz ist unangenehm; das ist ja auch der Zweck von Schmerz: Er informiert und drängt, indem er unangenehm ist, auf Änderung. Wenn nun aber unsere tief liegenden Bedürfnisse nach menschlicher Verbundenheit, eigenständiger – freier – Exploration und individuellem Wachstum sowie Einklang von Kompetenzen und Herausforderungen nicht (oder nicht individuell passend) befriedigt werden, dann sendet uns das Gehirn Schmerzsignale und wir suchen nach Auswegen.

Auswege

Solche Auswege können Ersatzbefriedigungen sein, die das Problem zwar nicht lösen, aber immerhin kurzzeitig zur Ausschüttung von Glückshormonen führen, wie z.b. das Essen von Süßigkeiten oder „Konsumerfolgserlebnisse" beim Shoppen. Das kurzfristige Ausschütten von Glückshormonen führt letztlich zu einer Art Betäubung, wir verschaffen uns mit diesem Ausweg neurochemische „Eigendrogen" – und wie bei anderen Drogen sind sie bei regelmäßigem Konsum oft in immer häufigeren und stärkeren Dosen erforderlich, um weiter die erwünschte Wirkung zu entfalten. Entsprechendes gilt für den „Ausweg", den Schmerz direkt mit Fremddrogen zu betäuben, z.B. mit Alkohol oder Medikamenten.

Ein anderer Ausweg, auf Schmerz zu reagieren, wenn die Ursache des Schmerzes nicht beseitigt werden kann, ist die Abstumpfung. Aber auch das ist keine nachhaltige Lösung: So wie bei der betäubenden Ersatzbefriedigung oder bei Drogen der Grenznutzen im Laufe der Zeit abnimmt,

---

7 Nachweise unter www.mlwerke.de/me/me01/me01_105.htm

so muss ich beim Ausweg Abstumpfung immer mehr abstumpfen, weil uns das Hirn dann, wenn wir das Problem nicht lösen, immer stärkere „Schmerzen" bereitet, damit wir endlich reagieren; das können bei seelischen Schmerzen dann auch körperliche, z.B. Rücken- oder Kopfschmerzsignale sein.

Und wenn keiner der vorgenannten Auswege (mehr) wirkt? Dann kanalisieren wir den Schmerz nach außen, werden aggressiv. Unsere Aggressivität kann sich dann ganz unterschiedlich äußern. Wir beleidigen Klassenkameraden, treten am Bahnhof gegen die Speichen eines fremden Fahrrades oder machen bei rechtsextremen Aktionen gegen Minderheiten mit. Es gibt noch zahlreiche andere Möglichkeiten.

Oder aber wir lassen den Schmerz nicht „raus", sondern im Innern wirken und uns krank machen, z.B. in Form einer Depression.

Es steht uns aber noch eine weitere Ausweichmöglichkeit zur Verfügung: Wir können uns in eine andere Welt jenseits des „gewöhnlichen Lebens" fliehen, und da bieten sich wiederum zwei Alternativen: Zum einen können wir uns in andere Welten begeben, die wir weitgehend passiv wahrnehmen, also z.B. stundenlang Videofilme ansehen. Oder wir können uns in eine Sonderwelt begeben, die unsere Aktivität erfordert: das Spiel. Beide letztgenannten Alternativen haben Nebenwirkungen.

Passive Unterhaltung in zeitlich großem Umfang kann - wie auch der „Ausweg" ersatzbefriedigender Konsum von z.B. Süßigkeiten oder durch Shoppen - zu Depression führen; auf jeden Fall sinkt - auch das ist mittlerweile solide wissenschaftlich belegt[8] - im Anschluss daran häufig unsere Stimmung, wir sind nach der Ersatzbefriedigung weniger motiviert und weniger optimistisch (bedeutsam für unser gesamtes Wohlbefinden). Der Grund ist offensichtlich: Unser Bedürfnis nach Wachstum und eigenständiger explorativer Entfaltung befriedigt das passive Konsumieren eben gerade nicht, auch wenn es uns vorübergehend ablenkt. Und diesen Mangel lässt uns unser Hirn spätestens nach zeitlich intensiver passiver Ablenkung spüren.

Demgegenüber ist die Nachwirkung von aktivem herausfordernden Spiel, dass wir auch im Anschluss etwas von dem Hochgefühl und der angenehmen Erfahrung mitnehmen.[9] Mit dem Spiel verbindet sich - wie oben dargelegt - die Chance, dass die genannten wesentlichen „Urbedürfnisse" befriedigt werden und dann gibt es eben gewissermaßen keinen Grund für unser Hirn, nach der Phase des Hochgefühls durch unangenehme Signale auf Änderungen zu dringen. Spielen hat aber aktuellen

---

8   Umfangreiche Nachweise in McGonigal (2012), Fußnote 8, S. 472

9   Umfangreiche Nachweise in McGonigal (2012), Fußnote 8, S. 472

Forschungen zufolge noch mehr positive Nachwirkungen. Eine Studie des Berliner Max-Planck-Instituts für Bildungsforschung wies nach, dass das Spielen des Videospiels „Super Mario 64" zur Vergrößerung der Teile des Gehirns führt, die für räumliche Orientierung zuständig sind.[10] Größer muss nicht unbedingt leistungsfähiger heißen – aber es spricht viel dafür, dass es einen Zusammenhang zwischen Ausprägung von Hirnregionen und Leistungsfähigkeit gibt.[11] Neben der genannten Studie gibt es eine Reihe anderer Forschungsergebnisse, die weitere positive Nachwirkungen insbesondere von digitalen Games belegen[12] – auch nach dem Spiel in der beruflichen Arbeit[13], in allen Altersgruppen[14] und bis hin zur Verbesserung des Sehvermögens[15].

Flow

Das Wohlbefinden beim Spiel und die positiven Nachwirkungen treten auch bei anderen Aktivitäten ein. Wir machen doch selbst immer wieder die Erfahrung, z.B. bei Hobbys und einer beruflichen Aufgabe, die uns am Herzen liegt, dass wir im Tun weltvergessen aufgehen. „Im Tun aufgehen" – so lautet auch ein Teil des Titels in einer bahnbrechenden Studie des Psychologieprofessors Mihály Csíkszentmihályi, deren Erscheinen als Geburtsstunde der modernen „Glücksforschung" angesehen werden kann. Er führte den Begriff des „Flow" ein.[16] Bevor er den Begriff des „Flow" im psychologischen Sinne prägte und genauer untersuchte, war das Phänomen, das er damit beschrieb, in der Spielwissenschaft allerdings längst bekannt.[17]

---

10 www.mpib-berlin.mpg.de/de/forschung/entwicklungspsychologie/projekte/ plastizitaetsmechanismen-und- progression/videospiele-und-gehirn

11 https://www.berliner-zeitung.de/wissen/untersuchung-des-gehirns-darum-war-albert-einstein-ein-genie- 1201018

12 Beispiele: Holmes / James / Coode-Bate / Deeprose (2009)

13 www.chip.de/bildergalerie/Wissenschaftlich-bewiesen-Zehn-gute-Gruende-fuer-Videospiele- Galerie_72051044.html?

14 Vgl. z.B. für Senioren und „Computerspielnachwirkung": www.nature.com/nature/ journal/v501/n7465/full/nature12486.html; https://news.ncsu.edu/2013/03/wms-allaire-social-2013

15 http://psych.mcmaster.ca/maurerlab/Publications/Jeon_VideoGames.pdf; www.nature.com/neuro/journal/v12/n5/full/nn.2296.html?foxtrotcallback=true

16 Deutsche Ausgabe: Csíkszentmihályi (2000)

17 So formulierte etwa der Spieltheoretiker Hans Scheuerl in den 1950er-Jahren seine berühmten Kriterien für das Wesen des Spiels, bei denen er u.a. das „Entrücktsein vom aktuellen Tagesgeschehen", „das völlige Aufgehen in der momentanen Tätigkeit" oder „das Verweilen in einem Zustand des glücklichen Unendlichkeitsgefühls" hervorhebt, in dem man für immer oder immer wieder verharren möchte. Vgl. Scheuerl (1979)

Csíkszentmihályi kommt aber das Verdienst zu, die Bedeutung des Phänomens auch über das Spiel hinaus erkannt und beschrieben zu haben. Der besondere Glücks- und Aufmerksamkeitszustand, den Spiele dem Menschen bescheren können, lässt sich auch außerhalb von Spielen erreichen.[18] Doch lässt er sich – auch das ergab u.a. die Studie von Csíkszentmihályi – am wirksamsten und zuverlässigsten erlangen, wenn das miteinander kombiniert wird, was wir als wesentliche Spielelemente qualifizieren konnten: Ziele, Freiwilligkeit und Wahlmöglichkeiten, kontinuierliches Feedback und zu unseren Fähigkeiten passende herausfordernde Hindernisse.[19]

Abbildung 3: **Der Flow-Kanal**

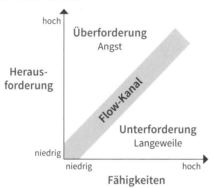

Csíkszentmihályi führte den Begriff des „Flow" ein.[20] Dieser besondere Glücks- und Aufmerksamkeitszustand lässt sich am besten erlangen, wenn Menschen Herausforderungen erfahren, die zu ihren Fähigkeiten passen.

Als Zwischenfazit können wir festhalten:
- Spielen ist ein wesentlicher Teil menschlicher Entfaltung und Kultur.
- Spiele befriedigen fundamentale Bedürfnisse der Menschen nach persönlichem Wachstum, sozialer Verbundenheit, freier Exploration und dem Einklang von eigenen Fähigkeiten mit eigenen Kompetenzen.
- Sie wirken darum positiv auf die Entfaltung von menschlichen Potenzialen und das Wohlbefinden.

---

18 McGonigal (2012), S. 52
19 Csíkszentmihályi (2000), S. 58
20 Eigene Grafik basierend auf Csíkszentmihályi (2000), S. 75

- Gamification ist der Einsatz von Spielelementen in spielfremden Kontexten, um die positive Wirkung von Spielen zugunsten spielfremder Zwecke zu nutzen.
- Der Einsatz von Gamification nimmt seit 2012 rasant zu, bislang jedoch vor allem (aber nicht nur) in der Wirtschaft.
- Auch die Wissenschaft befasst sich vermehrt mit der Thematik.
- Im Gemeinwohlbereich gibt es ebenfalls immer häufiger entsprechende Projekte.

6. Forschungsstand zu Gamification

Auch wenn die Wissenschaft sich zunehmend mit Gamification befasst: Die Wirkung von Gamification harrt zum Großteil noch der Erforschung. Einen Überblick zu bisherigen empirischen wissenschaftlichen Studien gibt die folgende Tabelle.

Tabelle 1: **Empirische wissenschaftliche Studien zu Gamification[1]**

Kontext	Anzahl	Gemessene Wirkung Gamification
Arbeit (innerbetriebliche Interaktion und Kommunikation; Arbeitsprozesse)	9	6 positiv 3 gemischt (= teils positiv, teils wirkungslos)
Bildung (E-Learning Hochschule; Trainings im Hochschulkontext; E-Learning Schule)	17	12 positiv 5 gemischt
Crowdsourcing (Förderung des Engagements und der Ideengenerierung durch Kunden in der Wirtschaft; Einbindung sehr vieler Menschen in wissenschaftliche Projekte, z.B. Datenerhebungen)	7	4 positiv 3 gemischt
Datenerhebungen (Förderung der Motivation zum Ausfüllen von Fragebögen bzw. Responsequote und Antwortqualität)	3	2 positiv 1 gemischt
Gesundheit (Therapie – Förderung der Motivation von Patientenengagement und der Patientenkommunikation; Sport – Motivation für körperliche Bewegung; Förderung gesunden Ernährungsverhaltens)	7	7 positiv
Marketing (vermehrte Nutzung von Online-Angeboten)	2	1 positiv 1 gemischt
Soziale Netzwerke (Förderung der Nutzeraktivität)	7	5 positiv 2 gemischt
Umweltschutz (Stromsparen; Beteiligung an sonstigen Umweltschutzaktivitäten)	7	4 positiv

---

1   Quelle und weitere Nachweise: Sailer (2016), S. 45ff.

Neben den Ergebnissen der empirischen wissenschaftlichen Forschung im engeren Sinne gibt es eine – deutlich größere – Anzahl von Praxisbeispielen insbesondere aus der Wirtschaft und auch einige aus dem Gemeinwohlbereich, für die der Effekt von einzelnen Gamifizierungen gemessen wurde.[2]

Gamification-Erfolge und -Misserfolge – ein noch weitgehend unerforschtes Feld

Die Messungen positiver Effekte sind einer der wesentlichen Gründe dafür, dass das Thema Gamification in der Wirtschaft einen regelrechten Hype ausgelöst hat. Und diese Beispiele sind ja auch beeindruckend: starke Vermehrung der betrieblichen Verbesserungsvorschläge, deutlich bessere Ergebnisse der betrieblichen Fortbildung, geringere Kosten dank einer gestiegenen Erledigungsquote, positiveres Gesundheitsverhalten von Mitarbeitenden, höhere Verkaufsergebnisse und vieles mehr. Ein besonders beeindruckendes Beispiel ist der Einsatz in der Wissenschaft, wobei hier auch der Effekt von Schwarmintelligenz ein Teil der Erklärung sein dürfte: Die Integration des Puzzles Foldit[3] in die Lösung einer schwierigen Forschungsfrage hat in wenigen Wochen zur Problemlösung geführt, nachdem sich Wissenschaftlerinnen und Wissenschaftler zuvor über mehr als zehn Jahre die Zähne an dem Problem ausgebissen hatten.[4]

Vermutlich gibt es aber eine mindestens ebenso große Anzahl von Beispielen, wo Gamification nichts gebracht hat; viele Autorinnen und Autoren zum Thema Gamification verweisen jedenfalls auf solche Misserfolge und ihre große Zahl.[5] Eine umfassendere Liste und eine vertiefte wissenschaftliche Untersuchung dazu finden wir aber nicht. Bei der Antwort auf die Frage, wann Gamification etwas – im positiven Sinne – „bringt", scheint es darauf anzukommen, welche Spielelemente wofür und wie kombiniert werden – also wie Gamification gestaltet wird. Gänzlich wirkungslos ist Gamification den bisherigen wissenschaftlichen Untersuchungen zufolge aber offenbar nie – auch nicht im Anwendungsbereich Bildung. Und das Wachstum von Investitionen in Gamification vonseiten der Wirtschaft ist ein weiteres Indiz, dass sich damit etwas erreichen lässt, auch wenn manche dies als vorübergehenden Hype einstufen.[6]

---

2   Eine Liste von Gamification-Praxisbeispielen mit gemessenem Effekt findet sich unter: http://www.enterprise-gamification.com/mediawiki/index.php?title=Facts_%26_ Figures

3   http://fold.it/portal; siehe auch S. 131

4   http://www.wissenschaft.de/home/-/journal_content/56/12054/936620/

5   vgl. z.B. Burke (2014), S. 7

6   https://www.gamified.uk/2015/08/21/the-hype-is-over-gamification-is-here-to-stay/

Tabelle 2: Studienergebnis: Hemmnisse für den Einsatz von Gamification in Unternehmen und Organisationen

Hemmnis	Anteil der Befragten
Keine Zeit für Entwicklung und Umsetzung von Gamification	53,6 %
Fehlende Akzeptanz von Entscheiderinnen und Entscheidern für neue Methoden	53,6 %
Fehlende Akzeptanz bei Mitarbeitenden für neue Methoden	44,8 %
Keine finanziellen Mittel für Entwicklung und Umsetzung von Gamification	41,0 %
Angst vor Veränderung	39,3 %
Passt nicht zur Unternehmenskultur	35,0 %

Gamification im Bildungskontext

Im Gemeinwohlbereich ist der Einsatz von Gamification im Bildungskontext einer der am besten erforschten Anwendungsbereiche, aber die entsprechenden Studien beziehen sich überwiegend auf die Hochschulbildung.[7] Für den Einsatz von Gamification im Bildungsbereich jenseits von Hochschulbildung klafft offenbar eine erhebliche Forschungslücke.[8] Allerdings ergab unsere Internetrecherche, dass derzeit Gamification zugunsten von Bildung offenbar Gegenstand zahlreicher Masterarbeiten und sonstiger Forschungsaktivitäten in Deutschland ist, deren Ergebnisse noch nicht vorliegen.

In einem Teil der genannten empirischen Studien zum Einsatz von Gamification in der Bildung wurden ausschließlich positive Effekte nachgewiesen, andere Studien dieses Forschungsfeldes attestierten den Gamification-Projekten „gemischte" Resultate.[9]

---

[7] Sailer (2016), S. 57 u.ö., mit weiteren Nachweisen; vgl. ferner Eckardt et al. (2017), S. 141f.

[8] So auch Stöcklin, Nando et al.: QuesTanja, Gamification einer Mathematikeinheit in der Sekundarstufe I, siehe http://www.academia.edu/18910469/QuesTanja_Gamification_einer_Mathematikeinheit_in_der_Sekundarstufe_I

[9] Sailer (2016), S. 58ff., mit weiteren Nachweisen

Dagegen sind in manchen gemeinwohlorientierten Anwendungsberei-
chen jenseits von Bildung die Ergebnisse empirischer Studien eindeuti-
ger: So wirkte Gamification z.B. in der Gesundheitsförderung in allen
wissenschaftlich untersuchten Beispielen positiv.[10]

Einsatz von Gamification in der Bildung

Für den vermehrten Einsatz von Gamification im Bildungskontext
stehen grundsätzlich verschiedene – miteinander kombinierbare
und in der Praxis beobachtbare – Möglichkeiten zur Verfügung:
- Es können vorhandene Lösungen von Kolleginnen und Kollegen
  kommuniziert, popularisiert und angepasst „kopiert" werden.
- Die lehrenden Akteure können in der Methodik Gamification
  fortgebildet werden und dann eigene Lösungen, z.B. für bestimmte Unterrichtseinheiten, designen.
- Es kann Software bereitgestellt und genutzt werden, die beim Erlernen und eigenständigen Entwickeln von gamifizierter Bildung
  hilfreich ist (z.B. Google classroom).
- Es können Elemente vorhandener Spiele, die die Zielgruppe vermutlich kennt, genutzt und mit Lerninhalten „gefüllt" werden
  (z.B. mit Minecraft: Education Edition).
- Es können von Dritten, die an der Vermittlung bestimmter Lerninhalte interessiert sind und Ressourcen haben (z.B. Stiftungen
  mit dem Zweck entwicklungspolitische Bildung), Gamification-Lösungen für Lehrende entwickelt und zur Verfügung gestellt
  werden.

Aus den im Rahmen dieses Reports recherchierten Praxisbeispielen
aus dem Bereich Bildung ist nicht erkennbar, dass bestimmte Fä-
cher sich mehr als andere für den Einsatz eignen oder dass Lehrer
bestimmter Fachrichtungen besonders Gamification-affin sind. Der
in der bisherigen Praxis häufiger beobachtbare Einsatz von Gamification in Bildungsinstitutionen (z.B. Museen oder betriebliche
Bildungseinrichtungen), die technisch, kompetenziell und finanziell dafür eher ausgestattet sind, könnte ein Indiz dafür sein, dass a)
Ressourcen (inkl. technischer Möglichkeiten) und b) entsprechende
Qualifikationen von Akteuren entscheidende Faktoren dafür sind,
ob das Potenzial von Gamification in der Bildung eingesetzt wird.

---

10 Sailer (2016), S. 73f.

Abbildung 4: **Faktoren für mehr Freude am Lernen**[11]

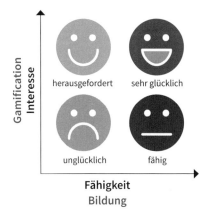

Wann führt Gamification zu positiven Ergebnissen?

Aus den vorhandenen Studien lässt sich unseres Erachtens der Schluss ziehen, dass Spielelemente in unterschiedlichen spielfremden Kontexten positiv im Sinne eines damit erstrebten Ziels dann wirken, wenn diese Elemente (ihre Auswahl, Kombination und Gestaltung) grundsätzliche Bedarfe oder Bedürfnisse des Menschen passend befriedigen. Passend heißt: passend sowohl zur „Zielperson" und ihren Motiven als auch passend zum Ziel, das mit Gamification erreicht werden soll.

Ein und dasselbe Spielelement kann unterschiedlich wirken

Nach einer noch unveröffentlichten aktuellen Untersuchung der Nachwuchswissenschaftlerin Alice von Bassewitz kann z.B. dasselbe Spielelement bei zwei unterschiedlichen, Studierenden gestellten Aufgaben komplett unterschiedlich wirken: Die einfacheren Aufgaben wurden in ihrem Test bei Einsatz von einem stimulierenden Spielelement deutlich besser (schneller und exakter, mit mehr Aufmerksamkeit und Motivation) erledigt, die schwierigeren Aufgaben erledigten die Studierenden dagegen bei Stimulation mit demselben Spielelement eher schlechter.[12] Bei der schwierigeren Aufgabe gab es keine „Kongruenz" und solch ein „Konflikt" führt im Gehirn zu messbar negativen Reaktionen wie z.B. Verlangsamung, weil

---

11 Eigene Grafik basierend auf Andrzej Marczewski, siehe https://www.gamified.uk/gamification-framework/

12 Bassewitz, Alice von: Stronger Reward Associations With Congruent (Than With Incongruent) Stimuli, Freiburg i. Br. (bislang unveröffentlicht)

Inkongruenz im Gehirn als negativer Vorfall eingestuft wird und mit emotionaler Ablehnung verbunden sein kann, die wiederum kognitive und kreative Fähigkeiten „herunterfährt". Auch Gerald Hüther hat darauf hingewiesen, dass unser Gehirn positiv reagiert und zu Hochform aufläuft, wenn alles zusammenpasst – und schmerzvoll, wenn nicht.[13]

Was aber ist denn nun „passend" motivierend? Für die Antwort auf diese Frage wollen wir zunächst einmal im folgenden Kapitel das Thema Motivation näher beleuchten, bevor wir anschließend im Kapitel 8 aufzeigen, wie Ergebnisse der Motivationsforschung in das international wohl bekannteste Modell für die Gestaltung von Gamification – „Octalysis" – umgemünzt wurden.

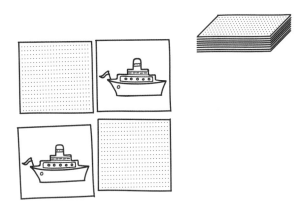

13 http://www.gerald-huether.de/content/mediathek/populaerwissenschaftliche-
    beitraege/inhaltliche- uebersicht/glueck/

7. Motivation durch Befriedigung psychologischer Bedürfnisse

Wenn Spielelemente in spielfremde Kontexte integriert werden, so verändert das diese Kontexte, z.B. den Schulunterricht, die Nutzbarkeit von öffentlichen Verkehrsmitteln oder das Arbeitsumfeld im Büro. Und diese veränderte Gestaltung kann – als Ergebnis einer Reiz-Reaktions-Verbindung[1] – psychologisch wirken: Sie kann Menschen aktivierend motivieren oder demotivieren.[2]

Mit Motivation (von lateinisch movere – bewegen/antreiben) haben sich schon die alten Griechen befasst. Seither beschäftigt das Thema die großen Denker, die unterschiedliche Theorien zur Motivation entwickelt haben.[3] Definieren kann man Motivation als ein Streben der Menschen nach Zielen, das in Handlungs(veränderungs)bereitschaft mündet. Durch äußere Reize kann dieses Streben, d.h. die Handlungsbereitschaft – ob und wie gehandelt wird –, verändert werden. Ein wesentlicher Grund dafür ist, dass das Anregen der Quellen der Motivation – Motive – zur Ausschüttung bestimmter Neurotransmitter (z.B. Adrenalin, Dopamin) führt.[4]

Wenn durch solche Anregung der Motivationsquellen und durch Ausschüttung von Neurotransmittern sowohl die Funktionsfähigkeit des Gehirns als auch die Handlungsbereitschaft steigt, kann dies in höherer Leistungsfähigkeit kombiniert mit einem veränderten Verhalten münden. Verändertes Verhalten kann ein neues Verhalten (z.B. Fahren mit öffentlichen Verkehrsmitteln statt mit dem Auto) oder ein Mehr oder Weniger von bestimmten Handlungen (z.B. mehr körperliche Bewegung) sein. Die Stabilisierung eines bisherigen Verhaltens (z.B. Durchhalten ehrenamtlichen Engagements trotz Widrigkeiten) ist ein weiteres mögliches Ziel.

Was sind die Quellen der Motivation?

Zur Frage nach den Quellen der Motivation gibt es verschiedene Theorien. Sie überlappen sich teilweise. Grob lässt sich zusammenfassen: Menschen streben u.a. Wohlbefinden durch Befriedigung von vorrangig

---

[1]   Dazu Skinner (1963)

[2]   Eine prägnante Einführung mit Hinweisen auf wesentliche wissenschaftliche Literatur zu diesem vielfach beackerten Themenfeld bietet Edelmann (2003).

[3]   Dazu und zum Begriff mit weiteren Nachweisen: https://de.wikipedia.org/wiki/Motivation#cite_note-1

[4]   Dazu grundlegend: McClelland / Davidson / Saron / Floor (1980); McClelland / Patel / Stier / Brown (1987); McClelland (1995)

psychologischen Bedürfnissen an. Diese Bedürfnisse mögen teils angeboren sein oder – zumindest teilweise (zunächst durch gehirnprägende Erfahrungen im Mutterleib) – erlernt. Manche Bedürfnisse sind bei verschiedenen Menschen auch individuell unterschiedlich ausgeprägt: Einige haben z.B. mehr Autonomiebedürfnis, andere mehr Kontrollbedürfnis. Aber bestimmte Grundbedürfnisse – basic needs – hat jeder Mensch. Und die Befriedigung dieser grundlegenden psychologischen Bedürfnisse sind für das Wohlbefinden des Menschen und seine Gesundheit – psychologisch und physiologisch – essenziell, also geradezu überlebenswichtig. Die Grundbedürfnisse lassen sich in drei Kategorien gliedern, die mit den oben dargestellten frühen Prägungen des Gehirns zusammenhängen:[5]

- das Bedürfnis nach Kompetenzerleben und -wachstum (durch die Erfahrung von Kompetenz in der Interaktion mit dem Umfeld),
- das Bedürfnis nach Autonomie (durch Erleben von Selbstbestimmung und Freiheit durch Handeln im Einklang mit den eigenen Vorstellungen und als Verursacher der eigenen Handlung),
- das Bedürfnis nach sozialer Eingebundenheit (durch Erleben von Verbundenheit mit anderen Personen, gegenseitige Zuwendung, Fürsorge und Rücksicht).

Die Befriedigung der psychologischen Grundbedürfnisse wirkt – auch neurochemisch – als eine Quelle für Wohlbefinden (Glück, Freude) und Energie. Und sie kann auf zwei Weisen erfolgen: entweder unmittelbar, indem durch ein bestimmtes Handeln oder Verhalten psychologische Grundbedürfnisse „intrinsisch" befriedigt werden, oder mittelbar, indem das Handeln oder Verhalten eines Menschen „extrinsisch" zu einer Befriedigung von eigenen Bedürfnissen durch andere führt.

Intrinsische und extrinsische Motivation

Bei der intrinsischen Motivation wirkt ein bestimmtes Verhalten unmittelbar selbst – als solches – positiv stimulierend auf die Handelnden. Eine Erklärung ist, dass hier bereits mit dem Tun an sich grundlegende menschliche Bedürfnisse befriedigt und insofern als angenehm erlebt werden (z.B. in Form einer Flow-Erfahrung[6]) und darum wird dieses Verhalten vom Menschen zumindest latent angestrebt. Mit Anreizen können Impulse dafür gegeben werden, dass

---

5 Vgl. S. 36f.
6 Siehe dazu oben S. 40f.

Menschen diese Chance auf innere Befriedigung und Wohlgefühl qua eigenem Tun auch nutzen.

Bei der extrinsischen Motivation basiert ein bestimmtes Verhalten auf dem Bemühen um einen erstrebten Effekt in der Außenwelt, der dann von extern zur Bedürfnisbefriedigung beiträgt.[7] Nicht die eigene Handlung an sich, sondern die Reaktion der Außenwelt auf die Handlung ist erstrebenswert und motiviert somit indirekt zu einem bestimmten Verhalten. Wird die Aussicht auf eine solche „Antwort" verbessert oder nähergebracht, steigt die Bereitschaft zu einem entsprechenden Tun, auch wenn das Tun selbst nicht als unmittelbar bedürfnisbefriedigend oder angenehm eingestuft wird.

So kann die Gelegenheit, etwas Neues zu lernen, mich zum Lernen anspornen, weil ich das Lernen selbst als Wachsen meiner persönlichen Kompetenz und darum als beglückend erlebe, kombiniert mit höherer Lernfähigkeit. Ich kann aber auch motiviert sein, die Lerngelegenheit zu nutzen, weil ich als anschließendes Ergebnis einen Erfolg erzielen will, für den mich andere mit etwas belohnen, das ich begehre – z.B., indem sie mein Bedürfnis nach sozialer Anerkennung befriedigen; hier motiviert mich also nicht das Beglückende des Lernens, sondern die Aussicht auf anschließende Befriedigung meines Anerkennungsbedürfnisses durch Dritte.

Die Motiviertheit anreizen

Die Wirkweisen von intrinsischer und extrinsischer Motivation lassen sich bei der Gestaltung von Schule, Arbeitsumfeld, zivilgesellschaftlichem Engagement und in anderen Bereichen berücksichtigen, indem Elemente eingefügt werden, die die Motiviertheit anreizen. Wenn ich z.B. während des Lernens unmittelbar Feedback (Spiel-Kernelement!) zu jeweiligen Lernfortschritten erhalte, so erlebe ich meine wachsende Kompetenz intensiver. Meine intrinsische Motivation zum Lernen kann damit gesteigert werden; ich lerne dann lieber und – damit zusammenhängend – besser und im Ergebnis mehr. Wenn ich am Ende eines längeren Lernens für den Lernerfolg eine Belohnung erhalte – z.B. eine Auszeichnung (Spielfeature!) –, die aus anderen Gründen als Lernfreude erstrebenswert ist, dann kann mich die Aussicht auf diese zusätzliche Belohnung dazu bringen, mehr Zeit und Energie in das Lernen zu investieren.

---

7 http://wirtschaftslexikon.gabler.de/Archiv/57321/extrinsische-motivation-v5.html

Arbeiten mit extrinsischer Motivation: problematisch, aber noch weit verbreitet

Der Schuss kann bei extrinsischer Motivation (z.B. mit Belohnungen) jedoch auch nach hinten losgehen. So kann die Konzentration auf das Erreichen der Belohnung durch andere mich gewissermaßen ablenken von dem, was eigentlich erreicht werden soll. Es kann mich erstens dazu verführen, mich auf die Belohnung zu fokussieren (z.B. statt auf das Lernen auf gute Vorbereitung des Schummelns beim Abschlusstest oder darauf, die Belohnung mit etwas anderem als Lernen zu erreichen). Und vor allem kann die Fokussierung auf die Belohnung die Aufmerksamkeit weglenken vom Erleben und Genießen der Freude des Tuns, z.B. von der Freude am persönlichen Wachstum beim Lernen. Dieses Weglenken meiner Aufmerksamkeit wiederum kann unter Umständen die intrinsische Motivation (z.B. zum Lernen) untergraben.[8] Das Ergebnis kann also per saldo dann sogar eine geringere Gesamtmotivation durch Einsatz extrinsischer Motivatoren sein. Und schließlich ist der Schuss bei externen Motivationsmitteln (wie z.B. Belohnungen für das Erreichen bestimmter Lernerfolge) gewissermaßen verfeuert und damit verbraucht; es werden darum für weitere Motivierung immer wieder neue Belohnungen erforderlich. An manche Belohnungen gewöhnt man sich, wenn man sie regelmäßig erzielt, sie wirken dann in puncto Motivation immer ineffektiver (z.B. monetäre Leistungsboni) und müssen darum immer mehr gesteigert werden, um weiterhin noch als Anreiz zu wirken. Langfristig kann somit das Motivieren mit solchen Elementen immer „teurer" werden.

Extrinsische Motivation kann auch dadurch erreicht werden, dass für das Verfehlen eines Ziels eine Strafe in Aussicht gestellt wird und beim Erreichen eines bestimmten Erfolgs als „Belohnung" eine Strafe nicht eintritt (z.B. kein Sitzenbleiben am Ende des Schuljahres). Hier tritt die Freude am Tun selbst (z.B. Lernen) vollends in den Hintergrund und unser Hirn reagiert auf solches „Motivieren" mit Angst, ist also „absolutely not amused". Das wiederum kann die Gehirnfähigkeit erheblich schwächen und sich auch gesundheitlich negativ auswirken. Das Bemühen (z.B. Lernen) wird bei geschwächter Gehirn(lern)fähigkeit auf jeden Fall mühseliger und gelingt weniger. Das kann für mich schließlich so anstrengend und mühsam werden, dass ich einen Ausweg suche. Dieser kann in etwas ganz anderem

---

8   Ryan / Deci (2002), S. 3ff., mit weiteren Nachweisen; Ryan / Deci (1993), S. 223ff. (insbesondere S. 226)

bestehen als das, was mit der extrinsischen „Motivation" angestrebt wurde (als „Ausweg" bietet sich z.B. Schwänzen des Schulbesuchs); und das wiederum kann eine Negativspirale in Gang setzen. Die Belohnung „keine Strafe, wenn ...", wohl typisch für große Teile des Schulsystems, ist also tendenziell demotivierend.

Der Einsatz extrinsischer Motivatoren kann auch dann, wenn eine echte Belohnung in Aussicht gestellt wird, im Extremfall dazu führen, dass die „Motivation" als Zwang empfunden wird: wenn es nämlich für die Zielperson von existenzieller Bedeutung ist, diese Belohnung zu erlangen, oder dies zumindest so empfunden wird.[9]

Aus den genannten Gründen ist es ein zweischneidiges Schwert, auf extrinsische Motivation zu setzen. Aber weite Bereiche unseres Lebens – beispielsweise Schule und Arbeitswelt – sind nach diesem Muster gestrickt. Gerade in der Wirtschaft gab es über lange Zeit eine regelrechte Industrie, die versprach, mit Konzepten der extrinsischen Motivation die Leistung der Mitarbeitenden zu steigern. Als dann Hartmut Sprenger dies mit seinem Buch „Mythos Motivation" in Zweifel zog, schlug seine Kritik ein wie eine Bombe und wurde zum einflussreichen Bestseller.[10] Das hat Sprenger bekannt gemacht; aber nach wie vor fußen auch in Unternehmen, wo die Kenntnis seiner Bücher zum Standard gehört, Konzepte zur Motivation von Menschen (z.B. solche, mit denen das betriebliche Vorschlagswesen angekurbelt werden soll) auf belohnenden Geldprämien. Allzu oft liegt den Ansätzen noch die Idee zugrunde, dass eine Möhre vor der Nase den Hasen schneller laufen lässt und dass auch der Mensch mit mehr externer Belohnung besser in die Gänge kommt. Und auch im Gemeinwohlbereich wird extrinsische Motivation großgeschrieben: Beispiele sind die Einführung einer steuerfreien Ehrenamtspauschale zugunsten einer Stabilisierung oder Vermehrung bürgerschaftlichen Engagements und die Auslobung von Preisen en masse.

Extrinsische Motivation ist aus verschiedenen Gründen problematisch. Und intrinsische Motivation ist per se nachhaltiger, u.a. weil nicht immer mit neuen oder zusätzlichen Belohnungen von außen nachgelegt werden muss. Dagegen könnte man argumentieren, dass manche auch

---

9   Ein Beispiel ist das Ausloben von materiellen Belohnungen für extrem arme Menschen in Entwicklungsländern für bestimmte Handlungen wie Teilnahme an eigentlich von ihnen nicht gewollten Familienplanungsangeboten.

10   Sprenger (2014)

grundlegende Bedürfnisse nun einmal nicht ohne andere befriedigt werden können – etwa das Erleben sozialer Eingebundenheit.[11] Aber auch das macht extrinsische Motivatoren nicht zwingend erforderlich; denn z.b. das Erleben von Gemeinschaft ist auch ohne sonstige externe Belohnungen möglich. Wir kommen darauf später noch einmal zurück.[12]

Die Bedeutung von Spaß und Vergnügen für Motivation und Gamification

Wenn über Gamification gesprochen wird, dann fehlt selten ein Verweis auf die Fun-Theory-Projekte, die Volkswagen initiiert und finanziert hat. In dem Projekt wurden Experimente dafür entwickelt, wie mit „spaßiger" Gestaltung Verhalten beeinflusst werden kann. Das Projekt bezog sich von Anfang an auf Gemeinwohlanliegen: Es wollte beweisen, „that something as simple as fun is the easiest way to change people's behaviour for the better".[13] Dass Spaß bzw. Vergnügen einen wichtigen Aspekt beim Spielen (und dementsprechend bei Gamification) darstellen kann,[14] wurde oben bereits beleuchtet[15] und lässt sich wohl kaum bestreiten. Gleichwohl ist Spaß oder Vergnügen nicht eine Conditio sine qua non für Motivation im Allgemeinen. Wenn z.b. ein Wissenschaftler den hundertsten Laborversuch zur Belastbarkeit der Lungen von Ratten macht und sie dabei jeweils auch tötet, dann ist das Tun des Wissenschaftlers und sein Laborumfeld nicht unbedingt spaßig, aber er kann bei dieser Forschung durchaus aus anderen Gründen hoch motiviert sein.

Es kann auch bezweifelt werden, dass „fun" die einfachste Methode ist, um menschliches Verhalten positiv zu beeinflussen, wie es in den genannten Fun-Theory-Projekten behauptet wird. Aber offenbar hat „fun" zumindest eine wichtige Hilfsfunktion: Es kann der Tropfen sein, der das Motivationsfass positiv zum Überlaufen bringt. Diese wichtige Funktion von „fun" betonen auch viele Gamification-Experten.[16] Einer der einflussreichsten Vordenker der Spieleentwickler, Ralph Koster, sieht in „fun" sogar den entscheidenden Unterschied zwischen Spielen (und Gamification-Lösungen), die „funktionieren", und denen, die das nicht tun.[17] Die Begründung seiner These fand in der Szene der

---

11 Zur Zurechnung des Bedürfnisses nach sozialer Eingebundenheit vgl. Ryan / Deci (2012)
12 Siehe S. 64ff.
13 http://www.thefuntheory.com
14 Rigby / Ryan (2011)
15 Siehe Kapitel 5
16 McGonigal (2012), S. 93f. u.ö.; ebenso z.B. Chou (2016), S. 22 u.ö.
17 Koster (2013)

Spielgestalter weltweit geradezu umwerfenden Beifall.[18] Schon zuvor wurde in der Wissenschaft die Frage, warum manche Computerspiele populär sind und andere nicht, damit beantwortet, dass die erfolgreichen mehr Spaß bringen.[19]

Aber wie haben Menschen beim Spielen Spaß? Um das zu verstehen, muss differenzierter das Spielerlebnis, das „game experience", betrachtet werden.[20] Der einflussreiche Spieleentwickler Marc LeBlanc liefert eine für die Praxis hilfreiche Antwort. Er verwendet allerdings nicht den eher diffusen Begriff „fun", sondern spricht von „game pleasures" (Spielvergnügen), die er in acht Dimensionen einteilt.[21] Er hatte mit diesem Konzept weltweit prägenden Einfluss auf die Spieleentwicklerszene, offenbar weil es sich bewährt. Der Ansatz mit den verschiedenen Dimensionen von Vergnügen bietet in der Tat ein hilfreiches Schema, um mit unterschiedlichen Formen von Vergnügen unterschiedliche Spielerpersönlichkeitstypen typspezifisch ansprechen zu können. Grundsätzlich können alle Dimensionen von Spielvergnügen in einem einzelnen Spiel vertreten sein, jedoch jeweils in unterschiedlicher Ausprägung.

Dimensionen des Spielvergnügens nach LeBlanc

Sinnesfreude wird von der Ästhetik eines Spiels angeregt. Dies umfasst neben den visuellen Eindrücken bei manchen Spielen auch die Akustik. Gut gemacht, kann die Ästhetik das Spielvergnügen stärken. Sie allein bewirkt zwar noch kein gutes Spiel und keine gute Gamifizierung, jedoch macht sie ein gutes Spiel oder gute Gamification „besser" im Sinne von vergnüglicher.

Fantasie bezieht sich auf die Vorstellung einer imaginären, oft märchenhaften Welt. Die Spieler schlüpfen in eine Rolle in dieser Welt und haben Vergnügen daran, aus einer neuen Perspektive heraus zu agieren.

Narration bezieht sich nicht einfach auf die Hintergrundstory eines Spiels oder einer Gamification-Anwendung, sondern vielmehr auf die dramatische Reihung von Ereignissen. Dabei können die Nutzer entweder einer vorgegebenen Geschichte folgen oder mit Spannung erleben, wie eine nicht fest vorgegebene Geschichte sich entwickelt.

---

18 Koster (2013), S. VIff.
19 Malone (1980)
20 Sailer (2016), S. 111f., mit weiteren Nachweisen
21 Hunnicke / LeBlanc / Zubeck (o.J.)

Herausforderung bezieht sich auf das Lösen von Problemen. Dies gehört zum Kern eines jeden Spiels („Überwindung unnötiger Hindernisse"[22]). Diese Herausforderung allein ist für einige Spieler bereits ausreichend motivierend.

Kameradschaft bezieht sich auf Freundschaft, Kooperation und Gemeinschaft und damit auf eines der psychologischen Grundbedürfnisse.[23] Diese motivierenden Aspekte sind nicht allein innerhalb eines Spiels zu finden. So fallen auch beispielsweise Spieler-Communitys in Form von Foren unter diesen Aspekt oder die Möglichkeit, sich nach einem „Kampf" mit den Gegenspielern auszutauschen. Für einige Spielertypen – dazu unten[24] – ist Kameradschaft die Hauptmotivation und es gibt ganze Genres, die hierauf fokussieren.

Entdeckung wird geboten, wenn Spieler etwas Neues aufdecken können, z.B. neue Bereiche der Spielewelt, Features, Fähigkeiten oder Gegenstände. Dies befriedigt das Grundbedürfnis nach Exploration.

Ausdruck wird dann ermöglicht, wenn die Spieler eigene Dinge erschaffen bzw. gestalten und/oder sich selbst darstellen können (ggf. in Gestalt ihrer imaginären Spielfigur).

Unterwerfung beschreibt die freiwillige Unterwerfung unter die Spielregeln, um mit diesen künstlichen Hindernissen die reale Welt hinter sich zu lassen und im Spiel in Flow[25] zu kommen. Man kann diese Vergnügenskategorie auch – vielleicht zutreffender – mit Eintauchen oder Wegtauchen bezeichnen.

Die Berücksichtigung von LeBlancs Konzept lässt sich alljährlich in Köln erleben. „Spaß und Unterhaltung für alle",[26] das wird dort auf der Gamescom geboten. Diese Messe wurde 2017 von Bundeskanzlerin Angela Merkel eröffnet, die in einem Videostatement vorab die Bedeutung von digitalen Spielen hervorhob und dafür warb, deren Bedeutung stärker öffentlich anzuerkennen und Vorurteile dagegen

---

22 Vgl. S. 28
23 Siehe S. 50
24 Siehe Kapitel 9
25 Dazu oben S. 40f.
26 http://www.newsslash.com/n/10394-gamescom-family-and-friends-spiel-spass-und-unterhaltung-fuer-die- ganze-familie

abzubauen.[27] Zahlreiche andere bekannte Politiker waren ebenfalls dabei. Bei ihrem Besuch von Ausstellern auf der Gamescom machte die Bundeskanzlerin bei einem Spiel halt, das auch für Gamification eingesetzt wird:[28] Minecraft.[29] Das Spiel ermöglicht es, aus unterschiedlichen Blöcken dreidimensionale Gebilde zu erschaffen – eine Art digitales Lego mit weiteren Elementen. Man kann das auf zwei Weisen (Modi) spielen: mit Ziel und als „Kampf" oder ohne.[30] Durch die verschiedenen Modi wird die Unterschiedlichkeit von Spieler-Persönlichkeitstypen[31] berücksichtigt.

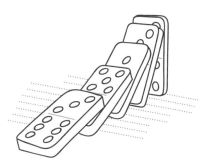

27 www.bundeskanzlerin.de/Webs/BKin/DE/Mediathek/Einstieg/mediathek_ einstieg_podcasts_node.html;jsessi onid=8610579EC20B80F364A9BF4A682F5B06. s6t2?id=2243314
28 Walton, Mark: Minecraft in Education: How Video Games Are Teaching Kids, o.J., siehe www.gamespot.com/articles/minecraft-in-education-how-video-games-are-teaching-kids/1100-6400549/
29 https://minecraft.net/de-de/
30 https://de.wikipedia.org/wiki/Minecraft
31 Vgl. unten S. 64ff.

8. Das Modell für Gamification von Yu-Kai Chou: Octalysis

Einer der Leitfiguren der internationalen Gamification-Expertenszene ist Yu-Kai Chou. Er erhielt mehrfach den Preis als „Gamification Guru of the Year".[1] Ein Grund dafür ist, dass er ein Modell entwickelt hat, das die aus seiner Sicht wesentlichen acht „Treiber" für das „Funktionieren" von Gamification-Lösungen darstellt. Das Modell berücksichtigt einerseits die Motivationstheorie der psychologischen Grundbedürfnisse, die wir im Kapitel 7 bereits dargestellt haben. Zugleich integriert sein Modell u.a. auch die „metatheoretischen" Annahmen,[2]

- dass der Mensch ein proaktives Wesen ist und sich darum aktiv mit der Umwelt auseinandersetzen will,
- dass der Mensch im Rahmen dieser Aktivität zu wachsen und sich zu entwickeln versucht, also nach höheren Ebenen strebt,
- dass der Mensch bestimmte „Nährstoffe" (Hüther: „Dünger") benötigt, um wachsen zu können, und Nährstoffmangel dieses Wachstum behindert, sowie
- dass durch Gestaltung des sozialen Kontextes beeinflusst wird, ob diese Nährstoffe ausreichend zur Verfügung stehen.

Das wissenschaftsbasierte Modell von Chou ist anders als wissenschaftliche Modelle, die nur beschreiben: Es hat sich in der Praxis als Konzept bei der Gestaltung von Gamification offenbar mehrfach als eine Art Blaupause bewährt. Unternehmen wie Google, eBay, Cisco oder HP wenden es in verschiedensten Bereichen an.[3] Sein Buch, in dem er das Modell 2014 erstmalig beschrieb, wurde in 20 Sprachen übersetzt. Das Modell hilft auch dabei, Gamification-Gestaltungen zu analysieren, was wiederum ihrer Verbesserung dienen kann.

Chou hat die verschiedenen Elemente, die in Spielen motivationssteigernd wirken, in acht Gruppen psychologischer „Treiber" unterteilt. Die acht Treibergruppen, die sich teilweise überlappen, sind:

Epic Meaning & Calling: Der Antrieb, Teil eines größeren Ganzen und damit bedeutsam zu sein (das ist z.B. beim Beitragen zu Wikipedia mit Artikeln oder Verbesserungen von Artikeln der Fall).

---

1 http://yukaichou.com/gamification-expert
2 Dazu Sailer (2016), S. 100ff., mit weiteren Nachweisen
3 Zukunftsinstitut (2017), S. 48

Abbildung 5: Octalysis-Treibermodell nach Chou

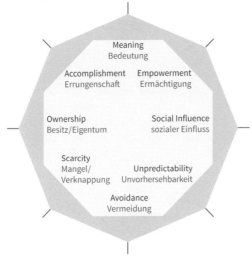

Chou[4] identifiziert acht „Treiber", die im Wesentlichen bewirken, dass Gamification-Lösungen funktionieren.

Development & Accomplishment: Der innere Antrieb, voranzukommen, sich weiterzuentwickeln und schließlich Herausforderungen zu meistern. Herausforderung ist besonders wichtig: Wenn ich etwas erreiche – z.B. eine „Trophäe" oder ein Abzeichen –, das zu erreichen aber nicht mit einer echten Herausforderung verbunden war, ist das erreichte Abzeichen wertlos. (Negativbeispiele sehen oft ungefähr so aus: „Du hast auf den Kontaktlink geklickt – 2.000 Punkte! Teile das mit deinen Freunden!")

Empowerment of Creativity & Feedback: Das Bedürfnis, die eigene Kreativität frei ausprobierend anwenden zu können, gepaart mit dem Bedürfnis nach bewertendem Feedback zu den eigenen Handlungen, um dem Feedback entsprechend lernend das Tun anzupassen und damit weiterzuentwickeln (z.B. mit spielerischem Lernen des Kochens oder Backens).

Ownership & Possession: Das Bedürfnis, die Dinge eigenständig kontrollieren und steuern zu können, verbunden mit dem Bedürfnis, das Eigene im weitesten Sinne (Sachen, Projekte, Organisationen) zu pflegen und zu verbessern – weil man sich mit dem Eigenen am ehesten identifiziert (z.B. die eigene Farm bei „FarmVille").

4 Eigene Grafik nach Chou (2016), S. 23

Social Influence & Relatedness: Das Bedürfnis nach sozialer Verbundenheit und „Wirksamkeit" gegenüber anderen – sei es in Form von Gruppenzugehörigkeit, Helferbeziehung oder durch Gewinnen im Wettbewerb.

Scarcity & Impatience: Das Bedürfnis, über Dinge zu verfügen bzw. diese zu erlangen, die exklusiv oder knapp sind – z.b. in zeitlicher Hinsicht („nur bis 31. Dezember") oder in quantitativer Hinsicht („nur noch 3 Exemplare"). Mit der zeitlichen Knappheit kann, wenn das Ding erst ab einem bestimmten Zeitpunkt erlangbar ist, Ungeduld einhergehen, die als Emotion das Bedürfnis verstärkt (z.b. Einführung neuer Versionen von iPhones).

Unpredictability & Curiosity: Das Bedürfnis, zu erfahren, was als Nächstes passiert, bzw. unbekannte Dinge zu entdecken – und darum auszuprobieren und „dranzubleiben". Mit diesem Treiber agieren auch serielle Dramen (Seifenopern), die am Ende jeder Episode einen „Cliffhanger" einbauen, damit die Geschichte nicht abgeschlossen ist und die Neugier auf die folgende Episode stimuliert wird.

Loss & Avoidance: Das Bedürfnis, dem Auftreten negativer Ereignisse ausweichend vorzubeugen, z.b. dem Verlust von Status, Rechten oder Belohnungen. An diesen Treiber kann z.b. in der Weise angeknüpft werden, dass das bisher Erreichte dann verloren geht, wenn man jetzt aufhört.

Verknüpfung mit sinnlichen Erfahrungen

Chou selbst weist darauf hin, dass sein Modell zumindest einen Treiber nicht ausreichend berücksichtigt: das Suchen nach angenehmen sinnlichen Erfahrungen.[5] Das sind oft Vergnügen im Sinne von LeBlanc. Dieser Treiber bietet Chancen für die Gestaltung von Gamification-Lösungen, die sinnliche Erfahrungen in der realen Welt motivierend integrieren – z.B. in der Natur. Der Trend geht ohnehin in die Richtung, Aktivitäten in der „echten" Welt mit der Nutzung von digitalen Spieltechnologien zu verknüpfen.[6] Eine aktuelle Studie zum Medien- und Freizeitverhalten von Kindern in Deutschland – die heute zu den „digital natives" gezählt werden – kommt zu dem Ergebnis, dass 82 Prozent der Befragten besonders gern im Freien

5   Chou (2016), S. 33f.
6   McGonigal (2012), S. 167 u.ö.

spielen.[7] Bei Gamification geht es letztlich um Motivation und das ist zunächst einmal ein psychologischer Vorgang; er kann auch mit physiologischen Vorgängen und Bedürfnissen verknüpft sein.

Verschiedene Treiber aktivieren uns unterschiedlich

Die verschiedenen Treiber aktivieren uns, wenn sie mit Spielelementen berücksichtigt werden, unterschiedlich. Einige Treiber sprechen uns eher kognitiv an, andere eher emotional (populärwissenschaftlich – zu stark vereinfachend[8] – oft der linken und rechten Gehirnhälfte zugeordnet). Und dieser Unterschied ist für die Gestaltung von Gamification wichtig. Wenn ich Gamification schwerpunktmäßig mit einem extrinsisch motivierenden Feature wie z.B. Abzeichen gestalte, kann dies zwar das Bedürfnis nach dem Erreichen eines äußeren Ziels befriedigen (Treiber: Accomplishment), zugleich aber die intrinsische Motivation unterminieren, u.a. wegen Vernachlässigung der mehr mit Emotion verbundenen Treiber. Es kommt also darauf an, dass nicht eine Unwucht bei der Berücksichtigung der verschiedenen Treiber den angestrebten Motivationseffekt verringert oder gar zerstört. Modelle wie das Octalysis-Modell können helfen, eine solche Unwucht zu erkennen.

---

7   www.kinder-medien-studie.de
8   Vgl. u.a. Lawton (2007); Köhler / Bruhn (2010), S. 22. Es gibt durchaus Asymmetrien: Nicht beide Hirnhälften sind für alles gleichermaßen zuständig oder verarbeiten Informationen auf dieselbe Weise. So ist die linke Hemisphäre spezialisiert auf viele – aber nicht alle – Sprachprozesse. Links wird etwa die motorische Sprachumsetzung gesteuert. Auch für abstrakte Begriffe wie z.B. „Freiheit" ist überwiegend die linke Hirnhälfte zuständig. Unser Lexikon für konkrete Begriffe wie z.B. „Baum" ist dagegen in beiden Gehirnhälften ungefähr gleich stark repräsentiert. Und es gibt auch einige rechtshemisphärische Komponenten von Sprache, etwa die Sprachmelodie. Auch jenseits von Sprache gibt es Asymmetrien in der Aufgabenverteilung: Räumliches Denken, Zahlenverständnis oder Gesichtserkennung sind beispielsweise eher rechts angesiedelt, die Messung kleiner Zeitabstände und die Wahrnehmung von Details eher links. Oft heißt es dann z.B., die linke Hemisphäre sei für das analytische, die rechte für das ganzheitliche Denken da. Das ist aber eine neurowissenschaftlich schlicht falsche Verallgemeinerung. Eine unterhaltsame Darstellung des Forschungsstandes findet man unter: www.youtube.com/watch?v=dFs9WO2B8uI.

Abbildung 6: **Unterschiedliche Gewichtung verschiedener Treiber am Beispiel von „FarmVille"**

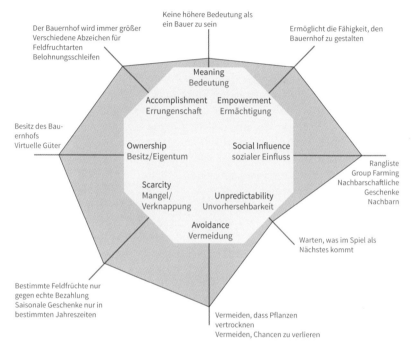

Bei jedem Spiel kommen die verschiedenen Treiber unterschiedlich stark zum Tragen. Während bei FarmVille die Treiber „Bedeutung" und „Unvorhersehbarkeit" schwach ausgeprägt sind, spielen „sozialer Einfluss", „Vermeidung", „Mangel/Verknappung" und „Besitz/Eigentum" eine starke Rolle.

Berücksichtigung verschiedener Persönlichkeitstypen

Die Unterschiedlichkeit der Treiber ist aber auch wichtig für die Berücksichtigung der verschiedenen Persönlichkeitstypen in der Zielgruppe.[9] Wenn ich z.B. eher auf einen Treiber setze, der primär Gewinnbedürfnis befriedigt, dann erreiche ich zwar Menschen mit besonders hohem Dominanzbedürfnis eher, aber zugleich besteht die Gefahr, Menschen weniger zu motivieren, bei denen das Bedürfnis nach sozialer Verbundenheit stark ausgeprägt ist. Das ist beispielsweise dann der Fall, wenn eine Gamification-Lösung Belohnungen in den Vordergrund rückt. Und

---

9   Dazu ausführlich Baumgartlinger (2012)

wenn ich unter Einsatz von Gamification Jugendliche in Sachsen erreichen will, die rechtsextremismusgefährdet sind, u.a. weil sie sich gedemütigt fühlen oder Angst vor Demütigung haben, dann muss eine andere Gewichtung vorgenommen werden als bei einer Gamification-Lösung für besseres Zusammenwirken in einer Universitätsfakultät. Wer eine sehr große Gruppe von sehr unterschiedlichen Leuten mit Gamification beeinflussen möchte, muss darauf achtgeben, dass keiner der Treiber völlig vernachlässigt wird.

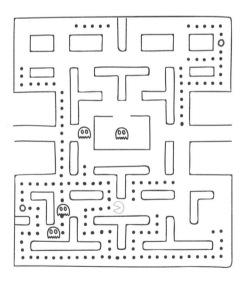

9. Differenzierung der Zielgruppen: Spielertypen

Der britische Forscher Richard Bartle, Professor an der University of Essex, teilt die unterschiedlichen Persönlichkeitstypen beim Spielen entsprechend ihren Präferenzen beim Spielen in vier Gruppen ein.[1] Diese Einteilung ist zwar teilweise kritisiert worden,[2] ein auf ihr beruhender Test wird jedoch in der Praxis vieltausendfach verwendet,[3] um die Gestaltung von Spielen und Gamification-Lösungen besser für die jeweilige Zielgruppe maßzuschneidern. Außerdem verwenden auch Nutzer von digitalen Spielen den entsprechenden Test, um sich selbst einzustufen, was bei kollaborativen digitalen Spielen hilfreich sein kann.

Bartle teilt Spielerinnen und Spieler in vier „Archetypen" ein:

- **Achiever** möchten im Spiel nach konkreten Maßstäben möglichst viel erreichen (z.b. über Levels, Gegenstände, Punkte, Ranglisten) – acting on the world.

- **Explorer** versuchen möglichst viel zu entdecken oder zu erkunden, in der virtuellen und/oder realen Welt oder bezüglich der Funktionsweise der Spielmechanik selbst. Hier kommen vor allem sogenannte Quests (von lateinisch quaestio, „Forschung, Frage", bzw. quaerere, „fragen, suchen") – also Suchmissionen bzw. Heldenreisen entsprechend einer mittelalterlichen Queste[4] – zum Einsatz – interacting with the world.

- **Socializer** streben Kontakte und Interaktion mit anderen Spielern an – interacting with other players.

- **Killer** streben nach Wettbewerb, Wettkampf und „Konflikt" mit anderen (anderen Spielern oder virtuellen Gegnern) und sind darauf aus, zu dominieren und zu gewinnen – acting on other players.

---

1 Bartle (1996)
2 Yee (2014)
3 https://de.wikipedia.org/wiki/Bartle-Test#cite_note-2
4 Dazu Schilken (2002), S. 16f., S. 246ff., S. 284

Abbildung 7: Einteilung in vier Spielertypen nach Bartle

Bartle[5] teilt die unterschiedlichen Persönlichkeitstypen beim Spielen entsprechend ihren Präferenzen beim Spielen in vier „Archetypen" ein.

Kaum ein Mensch entspricht exakt einem Spielertypus. Dies berücksichtigt auch der sogenannte Bartle-Test, der auf Bartles Einteilung beruht, aber nicht von ihm entwickelt wurde (vgl. Abbildung 8). Danach wird anhand von einer großen Zahl von Fragen das Spielerprofil ermittelt.

Abbildung 8: Beispiel eines Spielerprofils unter Anwendung des Bartle-Tests

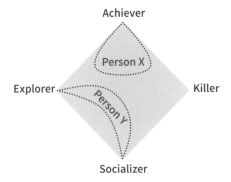

Für unterschiedliche Typen eignen sich nun unterschiedliche Spielelemente (siehe Tabelle 3).

---

5   Eigene Grafik. Quelle: https://en.wikipedia.org/wiki/Bartle_taxonomy_of_player_types

Tabelle 3: **Spieltypische Elemente und ihre Eignung für verschiedene Spielertypen**[6]

Spieltypische Elemente	Achiever	Socializer	Explorer	Killer
Teambasierte oder kooperative Herausforderungen	o	+	o	+
Kompetitive Herausforderungen	o	o	o	+
Quests	o	o	o	o
Puzzle	o	o	+	o
Pyramid scoring	+	+	+	o
Verfallende Punkte	+	o	+	o
Reputationspunkte	+	+	+	–
Karmapunkte	+	+	+	o
Fähigkeitspunkte	+	o	+	+
Erfahrungspunkte	+	o	+	+
Einlösbare Punkte	+	o	+	o
Unverhältnismäßige Möglichkeiten	+	o	o	o
Auszeichnungen	+	o	o	o
Priority access	+	o	o	+
Sammelobjekte	+	+	o	o
Limited-edition items	+	o	o	o
Virtuelle Güter	+	o	o	o
Bestenlisten	+	o	o	+
Levels	+	o	o	+
Feedback	+	o	o	+
Hilferufe durch Mitspieler	o	+	o	+
Lightweight „props" und shout-outs	o	+	o	o
Geschenke und Almosen	o	+	o	+
Handel	o	+	o	+
Spielautomaten	–	o	–	o
Resultatstransparenz	+	o	–	o
Erneuerung	o	o	o	–
Cascading information	o	o	–	o
Customization	o	+	o	o
Return	o	o	o	o
Onboarding	o	o	o	o
Wettbewerbe, Gameshows, Preisverleihungen	+	o	o	+
Epic meaning	o	o	o	o
Unexpected dynamism	o	o	+	o

Legende:
+ besonders motivierende Wirkung   – besonders demotivierende Wirkung
o keine besonders motivierende oder demotivierende Wirkung

6   Quelle: www.prsh.de/2014/04/22/gamification-4-die-zielgruppe-als-spielgruppe/

Auch andere Modelle der Spielertypen-Bestimmung[7] eignen sich für die strategische Auswahl der spieltypischen Elemente in der Gamification. Besonders die Weiterentwicklung des Modells von Bartle durch den Neurowissenschaftler Nick Yee[8] ist hier erwähnenswert. Yee überprüfte das Modell der vier Spielertypen empirisch und kam so zu fünf statt vier Motivationsfaktoren: Achievement, Relationship, Immersion, Grief und Leadership. Noch ausführlicher ist die Einteilung von Andrzej Marczewski (siehe Kasten).

Diese Modelle sind im Vergleich zu den vier Spielertypen à la Bartle ausführlicher und erlauben somit eine noch maßgeschneidertere Lösung bei Gamification-Entwicklungen. Aber sie sind in der Anwendung komplizierter und damit auch teurer; vermutlich ist das auch der Grund, warum in der Praxis weiterhin das Bartle-Modell so populär ist.

Keines dieser Spielertypen-Modelle anzuwenden, ist dagegen nicht zu empfehlen. Damit überlässt man die Treffgenauigkeit und Wirksamkeit der Gamification-Lösung partiell dem Zufall. Wenn ich weiß, wer meine Zielgruppen und was deren Bedürfnisse sind, und wenn ich diese schwerpunktmäßig bestimmten „Spielertypen" zuordnen kann (z.B. durch Befragung eines Teils der Zielgruppe mit der Bartle-Test-Methode), dann kann ich besser einschätzen, welche Spielelemente und -mechaniken ich einbauen sollte, um der Gamification-Lösung zum Erfolg zu verhelfen.

Einteilung von Typen für Gamification nach Marczewski

Auf Grundlage der Erkenntnisse von Bartle zu Spielertypen hat Andrzej Marczewski ein entsprechendes Modell für Gamification entwickelt. In seinem Buch „Even Ninja Monkeys Like to Play: Gamification, Game Thinking and Motivational Design"[9] stellt er folgende sechs grundlegende Spielertypen und deren Motivationen vor:

Socializer legen besonderen Wert darauf, mit anderen zu interagieren und sind gern mit Menschen verbunden. Dieser Spielertyp zeigt ein besonderes Interesse an Systemen, die dies ermöglichen. Die Motivation für diese Klasse ist soziale Zugehörigkeit.

7   Dixon (2011)
8   Yee, Nick: A Model of Player Motivation. Siehe www.nickyee.com/daedalus/archives/001298.php?page=4
9   http://www.informatik.uni-oldenburg.de/~iug15/ga/spielertypen.html; Marczewski (2015), S. 65–80

Free Spirits zeigen Interesse daran, zu erschaffen und zu erforschen und sind im Wesentlichen durch Autonomie und Selbstverwirklichung motiviert.

Achievers sind besonders daran interessiert, Neues zu lernen, sich selbst zu verbessern und sich in Wettstreit mit anderen zu begeben.

Philanthropists sind altruistisch, wollen helfen und das Leben der anderen bereichern. Diese Gruppe wird durch Ziele und Bedeutung motiviert.

Players werden alles tun, was notwendig ist, um Belohnungen vom System zu erhalten.

Disruptors wollen im Allgemeinen das System stören – entweder direkt oder indirekt, indem sie andere Nutzer zu positiver oder negativer Veränderung zwingen. Ihr wesentlicher Antrieb ist Lust auf Veränderung.

Abbildung 9: **Einteilung in sechs Spielertypen nach Marczewski[10]**

Keine Person entspricht nur einem der Spielertypen. Zudem sind in Zielgruppen, die mit Gamification erreicht werden sollen, meist Menschen mit unterschiedlichem Spielertyp-Schwerpunkt vereint. Eine Lösung dafür kann im Zusammenhang mit Gamification sein, mehrere unterschiedliche Spielfeatures oder -mechaniken zur Auswahl anzubieten. So kann man z.B. auch Minecraft, das häufig in spielfremden Kontexten

---

10   Eigene Grafik basierend auf www.gamified.uk/user-types/

eingesetzt wird, in unterschiedlichen Modi spielen (Überlebens- bzw. Hardcoremodus – kämpferisch, man kann verlieren / „sterben" – oder Kreativmodus – ohne „Kampf" und „Sterben"). Oder aber man bietet in der Gamification-Anwendung unterschiedliche Rollen an, unter denen die Spielerinnen und Spieler eine auswählen müssen. Da unterschiedliche Rollen in der Regel auch mit unterschiedlichen Fähigkeiten einhergehen, wird bei Spielen, die im Team (ggf. gegen andere Teams) zu spielen sind, die Erfolgswahrscheinlichkeit größer, wenn unterschiedliche Typen zusammen spielen. Ein Beispiel ist das Spiel „League of Legends", das von ca. 100 Millionen Spielerinnen und Spielern mindestens einmal im Monat in Teams gespielt wird (Stand: September 2016). Neben unterschiedlichen Spielfiguren-Fähigkeitsprofilen gibt es etliche Spielmodi, unter denen die Spielerinnen und Spieler auswählen können.

Eine einfachere Lösung ist, zwei Spielfiguren zur Auswahl anzubieten, die jeweils zwei Archetypen à la Bartle in sich vereinigen.

Praxisbeispiel: Berücksichtigung unterschiedlicher Spielertypen bei der Gamification von Fließbandarbeit[11]
Bei der Gamifizierung von Fließbandarbeit bei einem Automobilzulieferer wurden unterschiedliche Spielmechaniken umgesetzt. Die Arbeitsplätze sind dort mit Computerterminals ausgestattet, an denen sich die Arbeiter zu Schichtbeginn mit einer Identifizierungskarte an- und zur Pause oder bei Schichtende wieder abmelden. Beim Ausloggen öffnet sich ein Fenster, in dem Quiz-Fragen beantwortet werden können. Je besser den Arbeitern das gelingt, desto höher wird der Schwierigkeitsgrad. Doch nicht jeder mag Frage-Antwort-Spiele. Deswegen haben die Arbeiter die Möglichkeit, das Quiz wegzuklicken. Stattdessen erscheint bei ihnen dann ein Puzzle oder ein Orientierungsspiel auf dem Monitor, bei dem sie dasselbe Wissen wie im Quiz demonstrieren können.

Spielertypen und Spiel(erlebnis)phasen
Ein Spiel kann man in mehrere Phasen einteilen. In den verschiedenen Spielphasen müssen unterschiedlichen Spielertypen, wenn es passgenau sein soll, jeweils verschiedene Spielelemente geboten werden. Am meisten verbreitet ist die Unterteilung in drei Phasen:

---

11 Quelle: www.planet-wissen.de/gesellschaft/spiele_und_spielzeug/gamification/
    gamifiaction-gespraech-niesenhaus-100.html

- In der ersten Phase gilt es, das Spiel zu entdecken und an Bord zu kommen.
- In der zweiten Phase kommt es darauf an, Orientierung zu erlangen (sogenanntes Scaffolding[12]).
- In der dritten Phase geht es darum, schließlich voll ins Spiel einzutauchen und dranzubleiben.

Die Gamification-Expertin Amy Jo Kim, Neurowissenschaftlerin und Professorin für Game Design, hat bei der Entwicklung zahlreicher bekannter Spiele und Gamification-Anwendungen mitgewirkt. In ihrem Player's Journey Framework erklärt sie die drei Phasen des Spielerlebens so (vgl. Abbildung 10):

1. **Einstiegsphase:** Zu Beginn wird die Erwartungshaltung dazu aufgebaut, was kommt oder kommen kann; die Spielenden werden also gewissermaßen ins Spiel hineingezogen[13].
2. **Gewohnheitsformende Phase:** Die Spielenden werden mit Feedback und anderen motivierenden Elementen dazu gebracht, über die Einstiegsphase hinauszukommen und im Rahmen der Spielregeln Erfolg zu suchen.
3. **Meisterschaftsphase:** Die Spielenden haben das Spiel richtig im Griff und sind darauf aus, ihre meisterlichen Kompetenzen auszuleben.

Abbildung 10: **Player's Journey Framework nach Amy Jo Kim[14]**

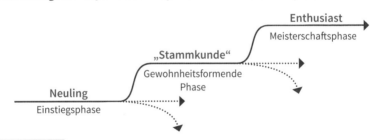

---

12 „Scaffolding (vom englischen ‚scaffold' oder ‚scaffolding' = Gerüst) bezeichnet im pädagogisch-psychologischen Kontext die Unterstützung des Lernprozesses durch die Bereitstellung einer ersten vollständigen Orientierungsgrundlage in Form von Anleitungen, Denkanstößen und anderen Hilfestellungen. Sobald der Lernende fähig ist, eine bestimmte Teilaufgabe eigenständig zu bearbeiten, entfernt man dieses ‚Gerüst' schrittweise wieder." Vgl. https://de.wikipedia.org/wiki/Scaffolding (Überblick mit weiteren Nachweisen)

13 In der Praxis von gamifizierten Lösungen, z.B. in der Umweltbildung, wird, so unser Eindruck, häufig die erste Phase vernachlässigt, mit der Folge, dass wenige Teilnehmende gewonnen werden.

14 Grafik basierend auf http://amyjokim.com/blog/2014/04/08/the-players-journey

Beispiel für eine „Spielerreise"

Ein gutes Beispiel für eine solche „Reise" ist das Videospiel Journey, das von Sony für die Playstation 3 entwickelt wurde.[15] In der ersten Phase lernen die Spielenden, wie sie sich im Spiel bewegen können und sie lernen das Ziel kennen. In einer zweiten Phase steigern sich die Herausforderungen und Schwierigkeiten der Aufgaben – Hindernisse auf dem Weg zum Ziel – und es kommt das Zusammenwirken mit anderen Spielenden hinzu. Am Spielende gibt es Belohnungen und Anreize dafür, nunmehr – mit Meisterschaft auf dem bisherigen Level – auf einem höheren Level weiterzuspielen, also auf dem nächsten Level gewissermaßen von vorn anzufangen als Level-Neuling.

Tabelle 4: **Spielertypen, Spielphasen und Treiber**

	Einstiegsphase	Gewohnheits-formende Phase	Meister-schaftsphase
Killer	Feature/Treiber 1	Feature/Treiber 2	Feature/Treiber 3
Achiever	Feature/Treiber 4	Feature/Treiber 5	Feature/Treiber 6
Socializer	Feature/Treiber 7	Feature/Treiber 8	Feature/Treiber 9
Explorer	Feature/Treiber 10	Feature/Treiber 11	Feature/Treiber 12

In unterschiedlichen Spielphasen müssen für alle Zielgruppentypen jeweils typgerechte Treiber geboten werden.

In den verschiedenen Phasen muss Unterschiedliches geboten werden – und idealerweise jeweils für alle Spielertypen etwas anderes. So ein Modell macht es natürlich kompliziert. Und es mag, außer bei sehr aufwendigen Gestaltungen, nicht in ein und demselben Spiel oder einer einzelnen Gamification-Anwendung für jede Phase und jeden Spielertyp komplett gelingen. Aber das Modell hilft, gravierende Lücken zu erkennen – insbesondere, wenn das Testen der Gamification-Lösung zeigte, dass Nachbesserungsbedarf besteht. Das Testen betrifft den Prozess beim Entwickeln einer Gamification-Anwendung. Dieser Entwicklungsprozess wird im folgenden Kapitel dargestellt.

---

[15] https://en.wikipedia.org/wiki/Journey_(2012_video_game)

10. Der Prozess der Entwicklung einer Gamification-Anwendung

„Eigentlich ist das Entwickeln von Gamification-Lösungen für Schulbildungszwecke gar nicht so schwierig", meint Arana Shapiro, Co-Executive Director am Institute of Play in New York. „Wir benötigen, um Lehrenden von Schulen das Grundhandwerkszeug zu vermitteln, nur einen dreitägigen Workshop." Das Institute of Play will den Schulunterricht „revolutionieren" – und das sogar weltweit.[1] Es wird dabei unterstützt von namhaften Stiftungen, staatlichen Schulbehörden und Wirtschaftsunternehmen. Wenn sich Lehrerinnen und Lehrer in Deutschland im Bereich Gamification schulen lassen möchten, finden sie kein entsprechendes Angebot. Allerdings gibt es immerhin für Lehrende hierzulande Hilfsmittel wie die App Google Classroom[2] und andere Online-Unterstützung vor allem kommerzieller Unternehmen[3] – Bildung ist ein Markt! – sowie allerhand Texte zum Selbststudium.

Institute of Play[4]

2007 gründete eine Gruppe von Spieldesignern das Institute of Play in New York City. Ihre Mission: innovative, neue und motivierende Modelle des Lernens zu entwickeln und Bildung durch Spielen zu transformieren. Die Non-Profit-Organisation versteht sich als Designstudio, das gamifizierte Formen des Lernens voranbringen will – Lernerfahrungen, die sich auf die Prinzipien des Spieldesigns gründen. Sieben spielerische Lernprinzipien hat das Institut identifiziert – auf diesen basiert seine Arbeit.[5]

Das Institut ist in vier Bereichen tätig: Schuldesign, Spiel- und Lehrplanentwicklung, Fortbildungsprogramme für Lehrer sowie Workshops und Trainings für Unternehmen und Organisationen.

Größter bisheriger Erfolg im Arbeitsfeld Schuldesign war die Gründung einer eigenen Schule, die nach Spielprinzipien arbeitet. Die öffentliche Mittelschule „Quest to Learn" eröffnete 2009 und war zunächst für die Jahrgangsstufen 6 bis 8 konzipiert. 2012 wurde sie zur Oberschule (Jahrgangsstufen 9 bis 12) erweitert. 2016 machte der erste Jahrgang seinen Abschluss. Jenseits dessen berät und

---

1   www.instituteofplay.org
2   https://edu.google.com/
3   Z.B. https://edu.google.com/openonline/edukit/course-parts.html
4   www.instituteofplay.org
5   Siehe www.instituteofplay.org/gll-principles

begleitet das Institute of Play seit zehn Jahren andere Schulen beim Aufbau und der Entwicklung.

Im Bereich Spiel- und Lehrplanentwicklung kooperiert das Institut mit Schulen, Lehrkräften und Organisationen. Gemeinsam werden Spiele und andere Lehrmaterialien entwickelt, getestet und optimiert, die Schülerinnen und Schülern spannende neue und innovative Lernzugänge eröffnen. Seit 2009 hat das Institut über 70 Spiele kreiert, die im Schulunterricht eingesetzt werden, und eine Vielzahl von Entwicklungsprozessen seiner Partner unterstützt.

Im Themenfeld Fortbildungsprogramme hat das Institute of Play einen doppelten Ansatz: Es bildet nicht nur selbst Lehrkräfte im Bereich Gamification fort, sondern schult auch Trainer, die Gamification an Lehrkräfte vermitteln können, und Multiplikatoren, z.B. Entscheidungsträger in Stiftungen und Politik. Die Lehrerfortbildungen richten sich an Pädagogen aller Fachrichtungen in Mittel- und Oberschulen, die Spiel- und Design-Ansätze in ihren Unterricht integrieren und ihn damit schülergerechter gestalten möchten – nicht nur in den USA, sondern weltweit. Angeboten werden u.a. 3- bis 5-tägige Intensivtrainings sowie reine Online-Kurse. Im Verlauf des Kurses entwickeln die Lehrenden mithilfe von analogen Tools eine eigene gamifizierte Unterrichtseinheit.

Darüber hinaus schult das Institute of Play Unternehmen und Organisationen, die Elemente von Design und Spiel mehr in ihre Arbeitsprozesse integrieren wollen. Zwei Standard-Workshops (spielerisches Teambuilding und Design Thinking) bilden die Basis und werden je nach den Bedarfen und Anforderungen der Institutionen individuell angepasst. Typische Schulungen erstrecken sind über den Zeitraum von drei Stunden bis drei Tagen.

Das Institute of Play finanziert sich u.a. aus Drittmitteln und wird von zahlreichen Stiftungen und Unternehmen unterstützt.[6] So wurde z.B. die Entwicklungs- und Gründungsphase der Schule „Quest to Learn" von der John D. and Catherine T. MacArthur Foundation, der Bill and Melinda Gates Foundation, der Margulf Foundation und der Carnegie Corporation of New York gefördert. Für Interessenten stellt das Institute of Play viele Ressourcen auf seiner Internetseite bereit.

Im interdisziplinären Team des Institute of Play arbeiten heute neun hauptamtliche Mitarbeiterinnen und Mitarbeiter, darunter Spieldesigner, Strategen und Praktiker aus der Bildung. Darüber

---

6 Siehe https://en.wikipedia.org/wiki/Institute_of_Play

hinaus unterstützt ein Netzwerk von Ehrenamtlichen, Beratern und Partnern die Arbeit des Instituts. Sie alle sind überzeugt: Die Integration von Spielprinzipien in Bildung und Erziehung ist förderlich, damit die Schülerinnen und Schüler die Fähigkeiten entwickeln, die im 21. Jahrhundert zunehmend gefragt sein dürften – etwa systemisches Denken, kreative Problemlösung, Teamarbeit, Zeitmanagement und Persönlichkeitsbildung.

Analog oder digital?

Das Institute of Play verwendet hauptsächlich Offline-Werkzeuge wie Papier und Malutensilien, auch allerhand Gegenstände – von Legosteinen bis zu kleinen Bällen – und offene, flexibel nutzbare Räume. „Bei Gamification in der Bildung geht es nicht speziell um digitale Angebote", erklärt Shapiro. „Wir haben unsere ersten Eigenentwicklungen von Gamification-Anwendungen für Bildung alle offline gestaltet. Spätere Übertragungen hin zu mehr digitalen Lösungen haben in den Schulen oft schlechter funktioniert, weil es dort mit der Technik haperte." Der Einbau digitaler Möglichkeiten in Gamifizierung der Bildung – nicht nur in der Schule – und anderer Bereiche werde sicher weiter zunehmen, meint sie.

Man sollte sich nur klarmachen, dass es eben um Gamification und nicht um Gaming geht. Aber man kann vorhandene Elemente von vorhandenen digitalen Spielen, die viele – z.B. Schülerinnen und Schüler – ohnehin kennen (z.B. Minecraft), angepasst oder als Plattform für eine maßgeschneiderte Gamification-Anwendung nutzen, und das wird weltweit auch getan. In deutschen Schulen besteht jedoch das Problem, dass viele Lehrende diese Möglichkeiten nicht kennen, weil sie kaum Erfahrung mit digitalen Spielen haben und sich hier zu Recht ihren Schülerinnen und Schülern unterlegen fühlen. Wenn diese Lücke durch entsprechende Lehrerfortbildungen, in denen auch Gamification-Grundkenntnisse vermittelt werden, geschlossen würde, dürfte dies die Nutzung von Gamification in der Schule erheblich voranbringen.

Das Institute of Play geht bei der Entwicklung von Gamification-Lösungen für Bildungszwecke in fünf Schritten vor:
1. Ziele definieren,
2. in kreativen Prozessen Gestaltungsmöglichkeiten generieren,
3. Prototypen entwickeln und testen,
4. auf Basis der Tests einen Prototypen optimieren und
5. implementieren.

Als kreativer Prozess für die Entwicklung von Gestaltungsmöglichkeiten und Prototypen hat sich in besonderer Weise die Methodik des Design Thinking bewährt.

Design Thinking

Design Thinking wird als Ansatz, Prozess oder Mindset beschrieben, mit dessen Hilfe kreative Lösungen für komplexe Probleme entwickelt werden. Ein Team erarbeitet gemeinsam Fragestellungen und entwickelt aus der Perspektive der Nutzer heraus Lösungen, die unmittelbar getestet werden. Design Thinking soll Denkmuster durchbrechen und radikal neu Gedachtes ermöglichen. Ausgangspunkt ist die Erkenntnis, dass viele Herausforderungen zunehmend komplex werden und nach neuen Lösungsansätzen verlangen.

„Prozess", „Team" und „Raum" sind die zentralen Säulen des Design Thinking. Der sechsstufige Arbeitsprozess unterteilt sich in Verstehen, Beobachten, Sichtweise definieren, Ideen finden, Prototypen entwickeln und Testen (siehe Abbildung 11). Die Abfolge hat Parallelen zu den Arbeitsschritten in den Ingenieurwissenschaften und bei der Design-Entwicklung. Der Ansatz bedient sich dabei einer Vielzahl von Methoden, darunter Personas, Meinungs-Blitzlicht, Storyboard, Comics und Rollenspiele.

Die Teams sind immer multidisziplinär zusammengesetzt. Unterschiedliche Perspektiven, Erfahrungen und Expertisen helfen beim kollaborativen Kreativprozess und sollen zu nachhaltigeren Ergebnissen führen. Der Raum, der variabel gestaltet werden kann, sorgt für ein unkonventionelles, kreatives Umfeld. Unterschiedlichste Materialien – von bunten Post-its bis Knetmasse – helfen, Ideen und Arbeitsergebnisse zu visualisieren.

Die maßgeblichen Entwickler und Wegbereiter des Design Thinking sind die US-Amerikaner Terry Winograd, Larry Leifer und David Kelley. Wichtige Impulse bei der Erforschung und Verbreitung von Design Thinking setzt Hasso Plattner, einer der Gründer des Softwarekonzerns SAP. Seit 2005 vermittelt das Hasso Plattner Institute of Design („d.school") die Grundsätze des Ansatzes an der Stanford University; im Jahr 2007 stiftete Plattner die HPI School of Design Thinking in Potsdam.

Ein Beispiel, wie Design Thinking für gemeinnützige Anliegen genutzt werden kann: 2017 entwickelten fünf Studierende der School of Design Thinking gemeinsam mit „Bethel im Norden", einem Unternehmensbereich der v. Bodelschwinghschen Stiftungen

Bethel, und über 30 Wohnungslosen Strategien zur Verbesserung von deren Situation.[7] Ziel war es, das Identitätsgefühl von Menschen ohne Wohnung zu stärken, ihnen eine eigene Stimme zu geben – und damit die Möglichkeit, für die eigenen Interessen gemeinsam einzutreten.

Abbildung 11: **Phasen eines Design-Thinking-Prozesses**

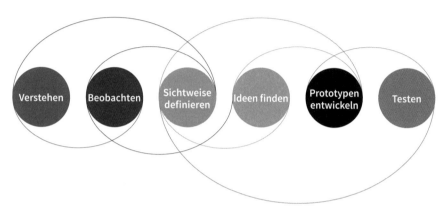

Ein solches Vorgehen entspricht auch den Empfehlungen anderer Gamification-Experten, jedoch schlagen diese zum Teil differenziertere Vorgehensweisen mit mehr Schritten und vor allem eine intensive Auseinandersetzung mit den Zielgruppen vor. Zusammen mit anderen hat Benedikt Morschheuser vom Karlsruher Institut für Technologie die wissenschaftliche Literatur zum Gamification-Designprozess ausgewertet.[8] Auf Basis dieser Analyse kommen die Autoren zu der Empfehlung für folgendes Vorgehen.

---

7 Siehe https://hpi.de/school-of-design-thinking/news-article/2017/auf-der-suche-nach-der-eigenen-identitaet.html
8 Morschheuser, Benedikt / Werder, Karl / Hamari, Juho / Abe, Julian: How to Gamify? A Method for Designing Gamification. In: Proceedings of the 50th Annual Hawaii International Conference on System Sciences (HICSS), Hawaii, USA, January 4–7, 2017; siehe http://gamification-research.org/2016/09/how-to-gamify/

Schritte eines Gamification-Design-Prozesses

Vorbereitung
- Ziele[9] klären, die mit der Gamification-Lösung erreicht werden sollen
- Bewertung und Priorisierung der Ziele
- Klärung, ob Gamfication für andere „Stakeholder" (bei einer Schule z.b. Schulaufsicht oder Eltern) überhaupt in Betracht kommt und sie kooperieren werden
- Klärung der Grundvoraussetzungen (z.b. Geld, Zeit, Personal, rechtlicher Rahmen)

Analyse
- Analyse des spielfremden Kontextes (räumlich, technisch/technologisch, Beschränkungen)
- Analyse der Zielgruppen (genaue Eingrenzung der Zielgruppen, Einteilung in Untergruppen nach Kriterien wie Alter, Geschlecht, Bildungsstand, Vorlieben, Interessen und Bedürfnisse, Spielertypen, Klärung von deren Bedürfnissen und Bedarfen, Definition von Personas, also wenigen exemplarisch-repräsentativen Typen, die dem weiteren Prozess zugrunde gelegt werden sollen)

Ideenfindung
- Ideenfindung mithilfe von Brainstorming und anderen kreativitätsfördernden Methoden
- Bewertung der Ideen und Priorisierung
- Entwicklung von Prototypen, die testbar sind, und Durchführung von Tests
- Design des Prototyps oder der Prototypen (Erarbeitung einer Blaupause)
- Herstellung des Prototyps
- Test des Prototyps mit Messungen und Evaluierungen
- Verbesserung des Prototyps, eventuell abermalige Tests und weitere Verbesserungen

Implementierung
- Entscheidung, was wann wie und von wem implementiert wird
- Implementierungsplanung (Projektplanung, Planung Monitoring und Evaluation)

---

[9] Werbach / Hunter (2012), S. 89f., sehen die Festlegung, was ich beim Anwender erreichen will (Lernen und/oder Verhalten) als wichtigen zweiten von sechs Schritten.

- Kick-off
- Umsetzung

Nach einiger Zeit: Evaluation
- Auswertung, ob die Gamification-Anwendung im Sinne der Ziele erfolgreich war
- ggf. Entscheidung über Fortsetzung mit oder ohne Änderungen oder Beendigung

Yu-Kai Chou schlägt unter Nutzung seines Octalysis-Modells[10] einen noch stärker in Einzelschritte unterteilten Designprozess vor.[11] Dieser Vorschlag berücksichtigt sehr differenziert die erwünschten Verhaltensweisen. Zudem hat er den Vorteil, dass darin spezielle Schritte für die Entscheidungen über den Einsatz von bestimmten Spielelementen bzw. Features – differenziert für die verschiedenen Zielgruppentypen – vorgesehen sind. Dieses Modell ist jedoch, weil es etwas komplexer ist, mehr für die Gamification-Profis geeignet und macht den Entwicklungsprozess teuer. Aber klar ist auch: Wenn mit Gamification größere Herausforderungen gemeistert werden sollen – z.B. gravierende gesundheitsrelevante Verhaltensänderungen bei einer größeren Zielgruppe –, dann lohnt eine größere Investition in den Gamification-Designprozess. Und generell gilt: Schlecht designt läuft auf Scheitern heraus.

Falsches Sparen der Förderstiftungen bei der Projektentwicklung ist Verschwendung

Sparen bei Investitionen in den Designprozess ist eine Form von Verschwendung, weil es die Wahrscheinlichkeit des relativ unnützen Förderns erhöht – das gilt auch, aber nicht nur für Gamification.

Bei der Förderung von gemeinnützigen Aktivitäten durch Staat und Stiftungen ist die weit verbreitete Praxis, dass die Implementierung einer Lösung gefördert wird, nicht jedoch der vorausgehende Projekt(design)entwicklungsprozess. Die Projektentwicklung ist meist sozusagen das Problem der Antragsteller, das sie in der Regel mit eigenen Ressourcen lösen müssen, bevor eine Förderinstitution eine Förderung der Projektumsetzung bewilligt. Antragsteller für Gemeinwohlprojekte – häufig gemeinnützige Institutionen mit knappen Ressourcen – haben für eine aufwendige Projektentwicklung

---

10   Siehe oben Kapitel 8
11   Chou (2016), S. 467ff.

aber oft nicht die erforderlichen Mittel. Schon das Fundraisen für Drittmittel und der Antragsprozess verbrauchen Ressourcen, die in vielen Fällen nicht wirklich ausreichend dafür vorhanden sind.

Dabei ist gerade die Förderung der Pre-Project-Phasen besonders chancenreich für Stiftungen und andere Förderinstitutionen. Wenn durch solche Projektentwicklungsförderung ein gutes Projektdesign erarbeitet wurde, einschließlich Pre-Testing, dann finden sich im Zweifel leichter auch andere Förderer für die Verwirklichung des Projekts. Aber das Fördern von Pre-Projects scheint für viele Förderer weniger „sexy" zu sein: Ein tolles neues Projekt zu unterstützen, wirkt offenbar reizvoller als „nur" eine solide Projektentwicklung auf den Weg zu bringen. Das Ergebnis ist erheblicher entgangener Gemeinwohlgewinn.

Auseinandersetzung mit Zielen und Aktivitäten

Von besonderer Bedeutung für ein gutes Gamification-Design ist im ersten Schritt die Auseinandersetzung mit Zielen und in verschiedenen Phasen erwünschten Aktivitäten.

- **Identifikation von Haupt- und Hilfszielen:** Außer der Definition des Hauptziels, was letztlich erreicht werden soll, z.B. mehr Spenden, ist die Identifikation von Hilfszielen wichtig, deren Erreichen auf das eigentliche Ziel einzahlt. Z.B. Hauptziel: mehr Spenden; Hilfsziele: a) mehr Adressen von neuen potenziellen Spenderinnen und Spendern und b) besserer Kontakt mit ihnen.
- **Festlegung erwünschter Aktivitäten in verschiedenen Phasen:** Bei der Entwicklung von Prototypen größerer Gamification-Lösungen sollten die in den einzelnen Phasen erwünschten Aktivitäten differenziert festgelegt werden:
  - **Entdeckungsphase:** gewünschte Aktivität z.B. Anforderung von Infomaterial oder Anklicken eines Buttons aus Neugier.
  - **Anwendungsphase:** gewünschte Aktivität z.B. Ausprobieren spielerischer Elemente, eigenständige Registrierung von Zielgruppenpersonen mit ihren Adress- und sonstigen Daten.
  - **Finalphase:** letztlich gewünschte Aktivität (Hauptziel) z.B. online spenden.

Bei all den vorgenannten Variationen für den Prozess des Designens einer Gamification-Anwendung ist wichtig, worauf der Gamification-Experte Burke hinweist[12]: nämlich darauf zu achten,

- die Ziele der Organisation festzulegen (z.b. mehr Spenden und zunächst einmal mehr neue Adressen potenzieller Spenderinnen und Spender generieren),
- die Ziele und Bedürfnisse der Zielgruppe im Blick zu haben (vor allem Grundbedürfnisse, etwa soziale Verbundenheit und weitere damit zusammenhängende Bedürfnisse wie z.b. sich altruistisch engagieren) und schließlich

- den Überschneidungsbereich von Organisationszielen und Zielgruppenzielen und -bedürfnissen zu identifizieren (z.b. Bedürfnis nach Kontakt). Auf diesen Überschneidungsbereich sollte sich die Gamification-Anwendung fokussieren.

Abbildung 12: **Die Schnittmenge von Organisations- und Zielgruppenzielen als Herzstück des Gamification-Angebots**

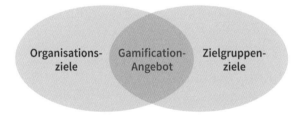

Damit ein Gamification-Angebot gute Erfolgschancen hat, sollte es in der Schnittmenge angesiedelt sein, die sich aus den Zielen der Organisation und den Zielen bzw. Bedürfnissen der Zielgruppe ergibt.

Neun typische Fehler im Gamification-Designprozess

1. Die Organisation hat keine klaren eigenen Ziele für den Erfolg der Gamification-Anwendung festgelegt.
2. Die Organisation hat keine klaren Kriterien für den Erfolg der Gamification-Anwendung definiert.
3. Bei der Planung wurden wichtige Designschritte ausgelassen.

---

12 Burke (2014), S. 106ff.

4. Falsche Balance zwischen Fähigkeiten und Anspruch: Die spielerische Anwendung muss leicht zu erlernen sein und im Verlauf sukzessive immer anspruchsvoller werden. Wenn es anfangs zu schwierig zu verstehen ist, trägt das ebenso zum Misserfolg bei, wie wenn es nach der Anfangsphase zu simpel bleibt.

5. Die falsche Zielgruppe steht im Fokus: Die Designer der Anwendung und auch die Förderer (z.B. Entscheider in Stiftungen) sind nicht die Zielgruppe – d.h., ob die es persönlich gut finden, ist kein relevantes Kriterium!

6. Es wird das Spielelement der Freiwilligkeit missachtet: Motivation kann nicht gefordert werden, wenn die Anwendung aufgezwungen ist und die Spielerinnen und Spieler keinen eigenen Nutzen (z.B. zumindest Spaß/Vergnügen) daraus zu ziehen wissen. Dann ist die Anwendung tendenziell motivatorisch unnütz.

7. Es ist mühsam für die Zielgruppe, den Einstieg in die Anwendung zu finden, weil vorab zusätzliche Schritte vor dem „Reinkommen" erforderlich sind.

8. Die Anwendung setzt primär auf attraktive Belohnungen (extrinsische Motivation): das wirkt weniger motivierend und ist meist nicht nachhaltig; und je größer die extrinsische Belohnung, desto größer im Übrigen das Risiko, dass die Anwenderinnen und Anwender das System ausspielen oder manipulieren möchten.

9. Emotionale Aspekte finden zu wenig Berücksichtigung (z.B. durch einen zu starken Fokus auf Sachinformation und Aufklärung).

Rahmenwerk für Gamification-Design nach Andrzej Marczewski[13]

Vorphase
Schritt 1: Das Problem definieren

Beispiel: Jugendliche im ländlichen Raum lassen sich zu Aktivitäten der NPD locken und werden dort rechtsextremistisch indoktriniert und damit rechtsextremistisch.

---

13 www.gamified.uk

Schritt 2: Ein tieferes Verständnis für die Zielgruppen erlangen, bei denen eine Veränderung herbeigeführt werden soll. Dies beinhaltet vor allem, ihre Engpässe und Bedürfnisse zu verstehen.

Beispiel: Jugendliche im ländlichen Raum leiden unter Frusterfahrungen und Langeweile. Es mangelt ihnen an Erfolgserlebnissen und attraktiven Freizeitangeboten.

Schritt 3: Definition, was erreicht werden soll – sowohl für die Lösung des Problems als auch für die Verringerung von Engpässen bei der Zielgruppe.

Beispiel: Hauptziel ist die Prävention von Rechtsextremismus, Hilfsziele sind die Involvierung von Jugendlichen in demokratische gemeinnützige Strukturen und die Vermittlung politischer Bildung. Es werden Angebote geschaffen, in denen die Jugendlichen erleben können, dass sie in die demokratische Gemeinschaft eingebunden sind und anerkannt werden. Dies geht Hand in Hand mit Erfolgserlebnissen, Freizeitvergnügen und Gemeinschaftserleben.

Designphase
Schritt 4: Entwurf der Gestaltung der „Reise" der Zielgruppe in den verschiedenen Phasen: Hierfür müssen die Gamification-Planerinnen und Planer definieren, welche Erlebnisse und Erfahrungen die Angehörigen der Zielgruppe in den drei Spielphasen machen sollen:

- **1. Initial:** Die Zielgruppe entwickelt Interesse. Neugier wird geweckt; es werden Erlebnisse geschaffen, die vermitteln, dass der erste Kontakt mit dem gamifizierten Angebot Spaß macht, z.B. aufgrund witzigen Feedbacks.
- **2. Mitmachen:** Die Zielgruppe steigt ein. Die Teilnehmenden machen z.B. zum ersten Mal bei einem Angebot mit und haben ein vergnügliches Erlebnis beim Bewältigen einer Herausforderung.
- **3. Drinbleiben und Wachsen:** Die Teilnehmenden machen längerfristig mit, weil sie dadurch z.B. Gemeinschaft, Selbstwirksamkeit, persönliches Wachstum und Anerkennung erleben.

Schritt 5: Festlegung der Verhaltensweisen, die in verschiedenen Phasen erreicht werden sollen

Beispiel: Lesen des Informationsangebotes und erste Anmeldung, Hingehen zum Challenge-Event und probierendes Mitmachen, Wiederkommen und eine dauerhaftere aktive Rolle übernehmen

Schritt 6: Identifikation von Motivatoren für die erwünschten Verhaltensweisen in den verschiedenen Phasen

Beispiel: Neugier anstacheln, Gewinnchance und Erlangung von Bedeutsamkeit

Schritt 7: Festlegung von Spielelementen und -mechaniken, die eingesetzt werden können

Beispiel: Regeln, Feedbacksystem, Spielfiguren/Avatare

Schritt 8: Produktion: Zusammenfügung der bisherigen Ergebnisse zu einem nutzbaren Prototyp und Test

Beispiel: Durchführung an einem Ort mit kleinerer Zielgruppe, danach Optimierung des Prototyps aufgrund des Testergebnisses

Implementierungsphase
Schritt 9: Startimpuls

Beispiel: Auslobung mit Plakaten, Flyern, Internetseite und über Social Media; Hinweis auf Gewinn- und Anmeldemöglichkeiten, App

Schritt 10: Durchführung mit Monitoring

Beispiel: Veranstaltung eines Challenge-Events mit nachfolgenden Möglichkeiten, weiterzumachen

Evaluationsphase
Schritt 11: Bewertung der Monitoringergebnisse, Evaluation und darauf aufbauende Weiterentwicklung/Redesign

Für die schrittweise Anwendung der Empfehlungen zum Gamification-Gestaltungsprozess stehen immer mehr Ratgeber[14] und „Toolkits"[15] zur Verfügung. Allerdings ist die Entwicklung einer Gamification-Lösung ohne Akteure mit entsprechender Qualifikation wenig Erfolg versprechend. Für die Qualifizierung von Akteuren des Dritten Sektors fehlen indes hierzulande bezahlbare Angebote.

Es gibt eine Reihe von kommerziellen Firmen, die Gamification-Lösungen konzipieren, auch zugunsten von Gemeinwohlzielen wie z.B. Gesundheit. Oft sind diese jedoch recht teuer. Einzelne preiswert realisierte Beispiele gibt es von Studierenden, die – auch technisch anspruchsvolle –

---

14 Z.B. Duggan / Shoup (2013)
15 Z.B. www.gamified.uk/downloads/gamification-design-framework-workbook

Gamification-Lösungen für Gemeinwohlzwecke entwickelt haben.[16] Die Zusammenarbeit mit Studierenden – ggf. begleitet von Lehrpersonal – dürfte eine der chancenreichsten Optionen für Organisationen des Dritten Sektors sein, die eine Gamification-Lösung entwickeln (lassen) wollen. Eine weitere Option für Stiftungen könnte sein, mit Stipendien die Entwicklung von Social-Entreprise-Start-ups zu ermöglichen, die sich auf Gamification4Good-Dienstleistungen in einem bestimmten Bereich fokussieren wollen.[17]

---

16 Vgl. z.B. https://mephisto976.de/news/alt/daddeln-im-altenheim-17538
17 Vgl. zu einem solchen Start-up-Projekt: https://memore.de/

11. Gamification4Good als logische Konsequenz zentraler Trends

Der Einsatz von Spielelementen in spielfremden Kontexten – Gamification – ist, wie wir dargelegt haben, nichts grundsätzlich Neues und nicht nur auf digitale Spielelemente beschränkt. Gleichwohl ist davon auszugehen, dass in den kommenden Jahren auf diesem Gebiet ein quantitativ und vor allem auch qualitativ neues Niveau erreicht werden wird. Die Ursachen hierfür sind eine Reihe von Trends, von denen jeder einzelne schon für eine Fortschreibung der positiven Dynamik in Sachen Gamification sorgt.

Die Entwicklung einer „neuen Qualität" im Bereich Gamification liegt jedoch vor allem darin begründet, dass die Trends nicht isoliert voneinander wirken, sondern sich im Gegenteil gegenseitig unterstützen und verstärken. Konkret lassen sich sechs Trends identifizieren, die auf zwei Ebenen bzw. in zwei Trendbündeln wirken. Sie sprechen in der Summe dafür, dass Gamification in nicht allzu ferner Zukunft zu einer zentralen Säule im Handwerkskasten von Stiftungen, NGOs und anderen Gemeinwohlakteuren werden sollte – auch für die Bewältigung der großen Herausforderungen der menschlichen Entwicklung.

Das erste Trendbündel wirkt sehr fokussiert im Bereich digitale Games und Gamification; es führt zu einer Konvergenz von Interaktions- und Kommunikationsplattformen und -konventionen. Das zweite Trendbündel ist direkt daran gekoppelt: Spill-over-Effekte in die Industrie, in die Wissenschaft sowie in die Politik und öffentliche Verwaltung vergrößern den Wirkungsraum einerseits; andererseits führen die Rückwirkungen aus diesen Bereichen ebenfalls wieder zu neuen Impulsen für die Games- und Gamification-Industrie.

Trend 1: Erfahrung mit digitalen Spielen wird zum festen Bestandteil der Wissens- und Erfahrungs-„DNA" zukünftiger Generationen

Bereits heute sind die jüngeren Generationen „digital from day 1". Der Zugriff auf digitale Medien und die damit verbundenen digitalen Spiele ist kein Phänomen von Nerds und spezialisierten, geschlossenen Communitys mehr. Das Thema hat die gesellschaftliche Mitte erreicht. Die Basistechnologie, auf der sich diese Entwicklung gründet, ist das Internet mit dem Smartphone als zentralem Gerät für den Zugriff auf das Internet. 2017 erreichte die Ausbreitung der digitalen Welt einen Meilenstein: Seit diesem Jahr nutzt mehr als die Hälfte der Weltbevölkerung das

Internet.[1] Die Zahlen für die Nutzung digitaler Spiele sind nicht weniger beeindruckend. Mehr als 2 Milliarden Menschen spielen bereits heute digitale Spiele.[2]

Im Zuge der weiteren demografischen Entwicklung wird somit ein immer größerer Teil der Bevölkerung zu „Gaming Natives", für die das Leben und Erleben in virtuellen Spielwelten Normalität ist. Dies prägt ihren Alltag, ihre Erfahrungen, ihre Kompetenzen und Erwartungen und ihr reales Leben. So nutzen in Deutschland schon heute mehr als die Hälfte der über 14-Jährigen digitale Spiele.[3] Bereits jetzt hat sich Gaming zudem in allen Altersgruppen und geschlechtsübergreifend etabliert. 2017 spielten 34,1 Millionen Menschen in Deutschland mehr oder minder regelmäßig digitale Spiele, wobei geschlechtsspezifische Unterschiede eher gering sind.[4]

Gaming ist nicht nur bei den Jüngeren ein Massenphänomen, sondern auch sogenannte Silver Gamer, also Gamer ab einem Alter von rund 50 Jahren, stellen bereits 25 Prozent des Marktes dar und sind das am schnellsten wachsende Alterssegment.[5] Digitales Gaming ist somit schon heute kein Jugendphänomen mehr, sondern hat sich in der Breite der Gesellschaft auf einem hohen Niveau etabliert.[6] Darüber hinaus kann sich mehr als jeder vierte derjenigen Bundesbürger (26 Prozent), die bisher keine Video- und Computerspiele spielen, vorstellen, dies in Zukunft zu tun; damit hat sich dieser Wert in nur zwei Jahren um 50 Prozent gesteigert.

Dabei investieren Spielende erhebliche Zeit ins Gaming. Insbesondere für Jüngere gilt: Sie sind nicht nur immer früher, sondern auch immer länger und immer mobiler im Netz unterwegs. Rund 89 Prozent der 10- bis 18-Jährigen in Deutschland investieren fast zwei Stunden täglich in das Leben in virtuellen Spielewelten, zunehmend mit mobilen Geräten. 93 Prozent der Jugendlichen bis 18 Jahre, aber auch zwei Drittel der 10- und 11-Jährigen haben ein eigenes Smartphone.[7] Und 99 Prozent der über 10-Jährigen nutzen das Internet mit durchschnittlich täglich

1   http://politik-digital.de/news/meilenstein-2017-haelfte-der-weltbevoelkerung-online-2-151132/
2   https://www.statista.com/statistics/748044/number-video-gamers-world/
3   www.ingenieur.de/technik/wirtschaft/gruendung/erloesmodelle-in-games-industrie-wandeln
4   https://www.biu-online.de/marktdaten/nutzer-digitaler-spiele-in-deutschland-2016-und-2017/
5   https://www.biu-online.de/blog/2017/06/07/durchschnittsalter-der-deutschen-gamer-steigt-weiter/
6   www.boersenblatt.net/artikel-gaming-trends_2017.1358918.html
7   www.schau-hin.info/news/artikel/bitkom-studie-zu-gaming-und-smartphone.html

zwischen 40 Minuten (10-Jährige) und knapp zwei Stunden (Alter 14 Jahre und älter). Als Ergebnis dieser quantitativen und qualitativen Reifung einer von Digitalisierung mitgeprägten Netzwerkgesellschaft verbreitet sich die Gaming-affine Lebenshaltung mit schnellen Schritten.[8]

Games bergen auch ernst zu nehmende Gefahren

Video- und Computerspiele können zur Entwicklung von Kompetenzen und zum Training des Gehirns beitragen. Bei übermäßigem Konsum können sie jedoch auch zu Isolation, Abstumpfung oder gar Verrohung der Spieler führen, zu Realitätsverlust sowie Verkümmerung von sozialen Kontakten und Fähigkeiten.[9] Hinzu kommen verschiedene Gesundheitsrisiken wie übermäßige Belastung der Augen, Rückenprobleme und andere Folgen von Bewegungsmangel. Die Zahlen zur Computerspielsucht[10] sind alarmierend. Studien zufolge kann das intensive Spielen gewaltverherrlichender Spiele außerdem die Aufnahmefähigkeit für andere Lerninhalte verringern.[11] Hinzu kommen Sicherheitsrisiken: Mit legalen, aber doch zweifelhaften Absichten sind einige Spieleanbieter unterwegs, die über Benutzerkonto und Spielverhalten sehr viele Informationen über die Nutzer sammeln, um diese dann kommerziell zu verwerten. Zudem kann über elektronische Spiele auch Schadsoftware beim Nutzer installiert werden. Und Games können mit der Vermittlung fragwürdiger Werte gesellschaftlichen Integrationsbemühungen zuwiderlaufen.

Im vorliegenden Report wird auf diese Probleme nicht detaillierter eingegangen, denn hier geht es nicht um Games, sondern um Gamification, also um die Einbindung von Spielelementen und/oder -mechaniken in spielfremde Umgebungen. Wir sind im Rahmen der Erarbeitung dieses Reports auf keine Studie gestoßen, aus der hervorgeht, dass die vorgenannten Gefahren von E-Games auch bei Gamification auftreten; aber auch insofern klafft noch eine Forschungslücke.

---

8   Zukunftsinstitut (2017), S. 32
9   Vgl. z.B. http://kfn.de/wp-content/uploads/Forschungsberichte/FB_115.pdf sowie weitere Forschungsberichte des Kriminologischen Forschungsinstituts Niedersachsen e.V. (KFN) unter https://kfn.de/publikationen/kfn-forschungsberichte/
10   https://de.wikipedia.org/wiki/Computerspielabhängigkeit, mit weiteren Nachweisen
11   www.polizei-beratung.de/themen-und-tipps/gefahren-im-internet/medienkompetenz/pc-spiele/

Wenn in Veröffentlichungen auf Probleme im Zusammenhang mit Gamification hingewiesen wird, geht es jeweils darum, dass Gamification bei schlechter Gestaltung wirkungslos oder gar kontraproduktiv nach Maßgabe des mit der Gamifizierung verfolgten Ziels sein kann (z.b. durch Ablenken der Aufmerksamkeit und intrinsischen Motivation weg vom eigentlichen Ziel – der sogenannte Korrumpierungseffekt[12]). Eine generelle Gefahr im Zusammenhang mit Gamification ist auch, dass das Instrument, wie in diesem Report dargelegt, durchaus wirkmächtig sein kann; es kann somit wie jedes wirksame Instrument für schädliche Zwecke eingesetzt werden, z.B. zugunsten von Zielen des politischen Extremismus. Und das geschieht auch längst[13]; in welchem Umfang ist unseres Wissens bislang noch nicht fundiert erforscht. Wir gehen davon aus, dass der Einsatz von Gamification vonseiten der Feinde der liberalen Demokratie zunehmen wird; dies gilt aber ebenso für andere moderne Instrumente und Methoden der Kommunikation.

Trend 2: Das Wachstum der Games-Industrie geht mit einer Ausdifferenzierung von Lösungen und Dienstleistungen einher – Gamification als wichtiges Wachstumssegment mit Potenzial für sektorübergreifende Initiativen

Das Spiegelbild zur oben skizzierten demografischen Durchdringung findet sich im Wachstum in den Umsätzen der Games-Industrie. So beziffert der deutsche Spielebranchenverband BIU für das Jahr 2016 den Umsatz mit Computerspielen und Spielkonsolen in Deutschland auf 2,9 Milliarden Euro.[14] Das weltweite Marktvolumen wird 2018 auf mehr als 50 Milliarden Euro wachsen.[15]

Es ist dabei ein bekanntes industrieökonomisches Phänomen, dass Marktwachstum in aller Regel mit einer Ausdifferenzierung der Industriestruktur einhergeht – und vice versa. So entstehen neben den Kern(teil)märkten neue Nischensegmente und immer stärker auch ergänzende Dienstleistungen.

---

12 https://de.wikipedia.org/wiki/Korrumpierungseffekt
13 Vgl. als Beispiel die Nutzung seitens der Identitären Bewegung: www.belltower.news/node/11584
14 http://www.gameswirtschaft.de/wirtschaft/games-umsatz-2016-deutschland-vergleich/
15 https://de.statista.com/outlook/203/100/videospiele/weltweit#market-revenue

Aus einer lokalen Perspektive muss hierbei kritisch betont werden, dass Deutschland als Absatzmarkt für digitale Spiele zu den weltweit führenden gehört, deutsche Spieleentwickler jedoch vom allgemeinen Marktwachstum nicht profitieren können. Laut Zahlen des Bundesverbandes interaktive Unterhaltungssoftware BIU entfallen lediglich 6,4 Prozent des hierzulande mit Computer- und Videospielen erzielten Umsatzes auf Entwicklungen aus Deutschland, wobei dieser niedrige Wert stagniert.[16]

Entsprechend engagiert kämpfen der BIU und seine Mitgliedsfirmen um eine Verbesserung der Rahmenbedingungen und eine stärkere Entwicklungsförderung auf Bundesebene. Länder wie Großbritannien, Frankreich und Kanada gelten international als Entwicklungsstandorte mit guten Rahmenbedingungen und können als Benchmark dienen. Das Schließen dieser Lücke in Deutschland ist gerade mit Blick auf den Teilbereich Gamification erfolgskritisch, da die Spieleentwicklung eine wichtige Know-how-Basis für die Entwicklung von guten Gamification-Angeboten darstellt.

Prognosen zufolge wird der globale Gamification-Markt bis 2022 mit einer Rate von rund 41 Prozent jährlich auf ein Volumen von knapp 23 Milliarden US-Dollar wachsen.[17] In diesem internationalen Markt sind kaum deutsche Unternehmen als relevante Player vertreten. Das gilt auch für den Teilmarkt Deutschland. Eine der wenigen Ausnahmen bildet hier SAP; dessen Gamification-Aktivitäten[18] geben Hoffnung und zeigen die Potenziale auf, die auch für sektorenübergreifende Initiativen in Deutschland genutzt werden könnten, um Deutschland in die Champions League der weltweit führenden Standorte für Gamification-Dienstleistungen zu bringen – auch für Vorhaben zugunsten einer nachhaltigen Entwicklung.

Trend 3: Digitale Spieleplattformen treiben Transmedia Communication und Storytelling voran; sie schaffen so konvergente Kommunikationswelten

Wie interagieren nun die Nutzerinnen und Nutzer in den digitalen Spielewelten und darüber hinaus? Wie verändert sich durch Spiele die Art und Weise, wie beispielsweise Geschichten erzählt werden und Wissen weitergegeben wird? Wie verändert sich dadurch die Kommunikation?

---

16 https://www.biu-online.de/blog/2017/09/21/games-aus-deutschland-marktanteil-verharrt-auf-niedrigem- niveau/
17 https://www.psmarketresearch.com/market-analysis/gamification-market
18 http://enterprise-gamification.com/mediawiki/index.php?title=SAP_Enterprise_Gamification_Platform

In der Vergangenheit waren die verschiedenen Kommunikationskanäle wie Sprache, Bild oder Schrift zumeist eigenständige „Silos", in denen Informationen oft nur mit erheblichem Aufwand transportiert, übermittelt und ineinander überführt werden konnten.[19] Unüberbrückbare Medienbrüche waren für Hunderte von Jahren eher die Regel als die Ausnahme. Man denke nur daran, wie Gaukler und Sänger im Mittelalter neben spielerischer Unterhaltung für die Verbreitung von Geschichten von Mund zu Mund sorgten. Dies waren zweifelsohne kulturschaffende und -prägende Elemente, wenn auch in meist eher einfachster Form. Die Einführung des Buchdrucks erlaubte dann schlagartig, Geschichte und Geschichten einer größeren Gruppe von Menschen zugänglich zu machen, die nicht zwangsläufig am Ort einer Aufführung sein mussten. Mit Fotografie und Filmtechnik wurde die Möglichkeit zur räumlich-zeitlichen Entkoppelung nochmals eine prinzipielle Stufe weitergetrieben. Bewegte Bilder und aufgezeichnete Sprache wurden zu den führenden Kommunikationsmedien. Die digitalen Plattformen und Spielewelten sind auf dem besten Wege, dies radikal und in exponentieller Form zu verändern.[20]

Schon heute sind Spielewelten wie World of Warcraft komplexe, offene und vieldimensionale Kommunikationswelten. Die Pottermore-Website von J. K. Rowling,[21] auf der interaktive Inhalte über die Harry-Potter-Welten verfügbar sind, ist nur eines vieler weiterer entsprechender Beispiele. Dabei konvergieren Spielinhalte auf selbstverständliche Weise mit Medienformaten wie Büchern und Videos. Chats, Posts und Tweets leisten extrem niederschwellige Anschluss- und Übersetzungsfunktion, wobei das Ganze jedoch keineswegs eine Einbahnstraße hin zu mehr Integration von Games und Gamification ist. So sind aus Spielszenarien von digitalen Spielen wie World of Warcraft oder Assassin's Creed beispielsweise etliche Romane und sogar Filme entstanden.

Games werden somit zu populären Kommunikationsplattformen unterschiedlicher sozialer Gemeinschaften und verändern damit langfristig auch das gesamte Kommunikations- und Interaktionsverhalten unserer Gesellschaft. Gleichzeitig vermischen sich die Nutzungsformen bei digitalen Spielen: Neben dem eigentlichen Spielen werden von den Spielenden Zusatzfunktionen für alltägliche Kommunikation genutzt, von Chatten und Nachrichtenübermittlung bis hin zum Dating. Wie das zweite Trendbündel zeigt, gehen diese Spill-over-Effekte jedoch noch

---

19 Freyermuth (2017)
20 www.buchreport.de/2011/10/03/games-werden-zu-kommunikationsplattformen/
21 www.pottermore.com/

weit darüber hinaus. Sie reichen in die Wirtschaft, die Wissenschaft, die Politik und die öffentliche Verwaltung hinein. Und sie haben damit Einfluss darauf, wie Gemeinwohlanliegen effektiv verfolgt werden können.

Trend 4: Spill-over-Effekte in den Bereich der Wirtschaft werden zu einer kulturellen Transformation der dortigen Unternehmen führen

Bereits heute setzen nach Analysen diverser Marktforschungsinstitute mehr als zwei Drittel aller großen Unternehmen Gamification im Unternehmenskontext ein.[22] Laut Prognosen wird dies weiter systematisch zunehmen.[23] So gehört Gamification beispielsweise zu den wichtigsten Trends im Bereich Human Resources Management:[24] Es findet Einsatz in der Personalauswahl, wo einfache Spiele verwendet werden können, um kognitive und soziale Fähigkeiten zu testen. Bei der Anwerbung neuer Mitarbeiterinnen und Mitarbeiter können Kandidaten oder potenzielle Auszubildende spielerisch erleben, wie das Arbeitsleben in einer Organisation ist, indem ihnen z.B. ein einfacher Arbeitstag oder Arbeitsablauf simuliert wird.[25]

Besonders in den Bereichen Schulung und Training sind Spiele und Simulationen sowie der Einsatz von Spielelementen oft viel effektiver als klassischer Frontalunterricht. Hier zeigen sich par excellence die Einsatzmöglichkeiten und das Potenzial, das sich durch schnelle Feedbackschleifen und individuelle, dynamische Anpassung von Leistungsleveln ergibt. Auch im Bereich der Prognose und Marktforschung findet Gamification immer stärker Einzug. So erreicht gamifiziertes „Social Forecasting"[26] die betriebliche Praxis und gamifizierte Prognosemärkte treten in direkte Konkurrenz zu klassischen Prognosedienstleistungen, weil sie mit Spielelementen das Hauptproblem vor allem der Online-Forschung besser lösen, nämlich Menschen zur Teilnahme zu motivieren und ihre Aufmerksamkeit im Befragungsprozess zu erhalten.[27] Gleiches gilt für die Strategieentwicklung, in der um Gamification-Komponenten

22 https://www.gartner.com/newsroom/id/1629214
23 www.accenture.com/de-de/_acnmedia/9842B9CC33F34CCEB5994B3B84993BE2.pdf#zoom=50
24 www.haufe.de/personal/hr-management/hr-trends-2016-zehn-trends-im-talent-management_80_335558.html
25 www.shrm.org/hr-today/news/hr-magazine/Pages/1115-gamification-recruitment.aspx
26 www.blicklog.com/2012/03/07/social-forecasting-teil-1-schwarmintelligenz-und-vorhersagemrkte-erreichen- die-betriebliche-praxis/
27 https://blog-marktforschung.de/gamification-online-forschung-lasst-die-spiele-beginnen-teil-1/

angereicherte Gestaltungen völlig neue Einsichten und Anwendungsfelder ermöglichen.[28]

Hohes Potenzial findet sich letztlich an jeder Kundenschnittstelle, insbesondere jedoch bei Kundenbindungsprogrammen.[29] Hier können Spielelemente sehr gut in die entsprechenden Apps, die selbst keine Spiele sind, eingebaut werden. Auch unter einer Branchenperspektive lassen die Potenziale aufhorchen. So wird für Gamification in der Automobilbranche von 2016 bis 2025 eine durchschnittliche jährliche Wachstumsrate von 18 Prozent prognostiziert. „Wachstum durch Gamification-Technologien" gehört auch in anderen Bereichen der „klassischen" Industrie in Deutschland zu den wichtigsten Trends.[30]

Noch nicht abzusehen sind die weitreichenden Effekte auf die Art und Weise, wie die Generation Z, die in Kürze massiv in den Arbeitsmarkt drängt, sich ihr Arbeitsumfeld auswählen bzw. gestalten wird. Eines dürfte bereits schon heute klar sein: Kommende Generationen fordern zunehmend ein auch gamifiziert aufbereitetes Arbeitserlebnis ein.[31]

Trend 5: Spill-over-Effekte in die Wissenschaft: Die zunehmende Verbreitung von Gamification sowie die Chancen, die sich mit einer Gamifizierung in der Forschung und Lehre selbst verbinden, machen vermehrte Wissenschaftsförderung in diesem Bereich zu einem Muss

Die Zahl der wissenschaftlichen Veröffentlichungen zu Gamification ist in den letzten fünf Jahren international – und keineswegs nur in den USA – sprunghaft angestiegen. Finden sich bei einer Schlagwortsuche unter dem Begriff „Gamification" bei Google Scholar für den gesamten Zeitraum bis einschließlich 2013 insgesamt nur lediglich rund 6.600 wissenschaftliche Artikel, wurden für die Jahre 2014 bis 2017 bereits über 16.000 Artikel erfasst.[32]

Die deutsche Wissenschaft spielt in diesem internationalen Konzert spezifischer Gamification-Forschung bislang eine eher marginale Rolle. Allerdings gibt es in Deutschland ein wachsendes Interesse an

---

28   www.kleinerundbold.com/aktuelles/fachartikel/competition-game-neues-strategie-tool-f%C3%BCr-die-ganze-familie

29   Beispiele unter: http://enterprise-gamification.com/mediawiki/index.php?title=Facts_%26_Figures

30   www.aftermarket-update.de/2017/11/22/wachstum-durch-gamification-technologien/

31   www.controllingportal.de/Fachinfo/Konzepte/Gamification-Spielplatz-Controlling.html

32   https://scholar.google.de/scholar?q=gamification&hl=de&as_sdt=1%2C5&as_vis=1&as_ylo=2014&as_yhi=20

der Forschung zu Gamification – insbesondere bei Nachwuchswissenschaftlern; darauf weisen zumindest unsere Gespräche im Rahmen der Erarbeitung des vorliegenden Reports hin. Außerdem ist in jüngster Zeit eine Zunahme eher kleinerer Forschungsaktivitäten zu der Thematik in Deutschland zu beobachten.

Ein größeres Forschungscluster in Deutschland zu dem Thema ist aber bislang nicht ersichtlich. Einerseits ist dies verständlich, da Gamification ja (noch) kein eigenständiges Forschungsfeld an sich ist, sondern dessen Komponenten in den unterschiedlichsten Fachbereichen wie z.B. Wirtschaft, Psychologie, Informatik oder Technik quasi „untergewoben" werden. Andererseits könnte dies gerade für die Wissenschaftsförderung ein interessanter Ansatzpunkt sein. In Deutschland ist das Thema bei den klassischen Wissenschaftsförderern – anders als im europäischen und außereuropäischen Ausland – offenbar noch nicht richtig angekommen. Um die Lücke zu schließen, könnten auch verschiedene vorhandene Forschungsförderprogramme, die nicht spezifisch Gamification zum Thema haben (etwa das Programm für soziale Innovationen „FH sozial"des Bundesministeriums für Bildung und Forschung), für entsprechende Gamification-Forschung stärker genutzt werden.

Auch Wissenschaftsstiftungen könnten einen Beitrag mit Hebelwirkung leisten, z.B. indem sie Plattformen für den gamificationspezifischen Austausch zwischen verschiedenen Forschungsbereichen etablieren oder konkrete interdisziplinäre Forschungsprojekte initiieren. Die Beackerung der Forschungsfrage, wie Gamification für Gemeinwohlanliegen nutzbar gemacht werden kann, ist in Deutschland noch am Anfang, von diesem Report sowie der Erforschung einzelner Aspekte z.B. im Bereich Bildung einmal abgesehen.

Während im Ausland Stiftungen die damit verbundenen Chancen erkannt und entsprechende Förderungen bewilligt haben, fehlen solche umfangreicheren Forschungsförderungen durch Wissenschaftsstiftungen in Deutschland. Dies steht im Widerspruch zu der wachsenden gesellschaftlichen Bedeutung von Gamification, wobei auch hier ein positiver Trendverlauf zu erwarten ist.

Trend 6: Spill-over-Effekte in die Politik und öffentliche Verwaltung schaffen neues Denken und Handeln

Im Hinblick auf das E-Government gibt es eine Reihe von Konzepten für den Einsatz von Gamification in der öffentlichen Verwaltung, die bereits in unterschiedlichsten Teilen der Welt zur Anwendung kommen. Schon 2009 startete das britische Sozialministerium mit „Idea Street" eine neue Kommunikationsplattform.[33] Sie ermöglichte Mitarbeitenden, Verbesserungsvorschläge für interne Prozesse einzubringen, diese zu diskutieren und schließlich abzustimmen, welche in die Praxis umgesetzt werden sollten. Dabei wurde Gamification als Gestaltungselement genutzt. Obwohl die Teilnahme freiwillig war und nicht monetär honoriert wurde (es konnten jedoch heiß begehrte Statuspunkte erworben werden!), hatte „Idea Street" schon im ersten Jahr rund 4.500 aktive Benutzerinnen und Benutzer, die 1.400 Ideen einbrachten.

In Bangkok, Thailand, verwendete die UNESCO spielerische Elemente, um vor allem junge Thailänderinnen und Thailänder auf die Folgen von Jahrhundertfluten und Hochwasser vorzubereiten. Die App „Sai Fah – The Flood Fighter" avancierte u.a. aufgrund der gamifizierten Gestaltung in kurzer Zeit zu einer der am meisten heruntergeladenen Anwendungen in Thailand.

Abgesehen von interner Optimierung und gezielten Informationskampagnen kann Gamification von der öffentlichen Hand auch genutzt werden, um den Privatsektor stärker zu aktivieren. In der Verwaltung der Stadt San Francisco etwa wurde eine Stabsstelle für „Civic Innovation" eingerichtet, die ein gamifiziertes Programm ins Leben rief, das erfolgreich Jungunternehmen motiviert, um gemeinsam mit Abteilungen der öffentlichen Verwaltung an maßgeschneiderten Lösungen für die Stadt zu arbeiten.

Institutionen wie das britische Overseas Development Institute sehen Gamification bei der Verfolgung der politischen Ziele für nachhaltige Entwicklung (Sustainable Development Goals) als wichtige Chance. Aus demselben Grunde haben Weltbank und UN-Organisationen begonnen, Gamification zumindest testweise einzusetzen. Gamificationgetriebene Prozessverbesserungen lassen sich im öffentlichen Umfeld oft ebenso umsetzen wie in Unternehmen. Besonders Prozesse mit dem Fokus externe Information/Kommunikation sowie für Verhaltensmotivation bieten hier ein hohes Eignungspotenzial.

Gamification erhält zudem Einzug in die nationale Politik, zunächst insbesondere zur Beeinflussung der öffentlichen Meinung durch Kampagnen einschließlich Wahlkampfkampagnen. Darum gehen Wissenschaftler davon aus, dass Gamification für das Erreichen und die Aktivierung von Zielgruppen zugunsten politischer Ziele weiter deutlich zunehmen wird.[34]

---

33 https://www.technologyreview.com/s/425044/using-games-to-get-employees-thinking/
34 https://de.scribd.com/document/350455730/Mahnic-Gamification-and-Politics

Gamification wird aber mittlerweile auch als effektives Instrument der Kommunalpolitik und -verwaltung ernst genommen.[35] Ein Beispiel, wie Gamification für politische Zwecke eingesetzt werden kann, ist „the world's first massively multiplayer investigative journalism project", das die britische Zeitung „The Guardian" startete. Über Gamifizierung wurde die Öffentlichkeit motiviert, 458.832 Online-Dokumente im Hinblick auf fragwürdige Ausgaben und Abrechnungen von Parlamentsangehörigen durchzusehen („Investigate Your MP's Expenses"). In der Folge traten mehrere Parlamentarier zurück. Der kalifornische Politiker Joe Simitian nutzt Gamification für die Involvierung von Wählerinnen und Wählern in politische Prozesse. Mit seiner regelmäßigen gamifizierten Kampagne „There oughta be a law" („Da sollte es ein Gesetz geben") aktiviert er Vorschläge für neue gesetzliche Regelungen. Mittlerweile führten diese Kampagnen zu 18 Gesetzgebungsbeschlüssen im Staat Kalifornien.

Die steigende Relevanz der an Gaming interessierten Zielgruppen für die Politik und die Möglichkeiten zur Demokratiebildung lassen sich noch an einem anderen einfachen Indikator festmachen. Mit Bundeskanzlerin Angela Merkel besuchte 2017 erstmals ein Spitzenpolitiker die Spielemesse Gamescom. „Die Zeit" schrieb dazu: „Games sind Chefsache".[36] Diese These muss aus den genannten Gründen auch für Gamification gelten.

Conclusio: Wir sind auf dem Weg in die gamifizierte Gesellschaft – und der Non-Profit-Sektor darf nicht außen vor bleiben!

Als Jane McGonigal in ihrem bahnbrechenden Buch „Besser als die Wirklichkeit" die These formulierte, dass Gamification zur Rettung der Welt beitragen könnte, hat sie dies selbst noch als eine Art realistische Utopie eingestuft.[37] Mittlerweile gibt es in allen Teilen der Welt aber Beispiele, wie Gamification (gemein)sinnstiftend und lebensrettend eingesetzt wird. Mit gamifizierten Anwendungen wie Pain Squad werden die gesundheitlichen Chancen von krebskranken Kindern verbessert.[38] Dies

---

35 Masser / Mory (2017)
36 http://www.zeit.de/digital/games/2017-08/gamescom-merkel-eroeffnung-deutsche-gamesbranche-foerderung
37 McGonigal (2012), S. 387ff.
38 Diese App hilft krebskranken Kindern, Intensität, Länge und Ort ihrer Schmerzen zu dokumentieren. Die Kinder sind Teil des „Pain Squad", einer Spezialeinheit der Polizei, und erstellen zweimal am Tag einen „pain report". Wenn sie dies regelmäßig tun, erhöht sich ihr Rang und sie erhalten motivierende Videos von Schauspielern aus Polizeiserien. Die Compliance-Rate konnte von 11 Prozent mit bisherigen papierbasierten Tagebüchern auf 90 Prozent mit der App gesteigert werden, was eine passgenaue

ist nur ein Beispiel dafür, wie Gamification im Gesundheitsbereich Einzug hält und hier zum Teil sogar lebensrettend wirkt.[39] Mit Gamifizierung wurde z.b. die flächendeckende Identifikation von Defibrillatoren und die Übertragung der Standorte in eine App ermöglicht, die bei einem Herzinfarkt, wo jede Sekunde zählt, das Auffinden des nächsten Geräts erleichtert.[40] Gamification wird eingesetzt, um mehr Spenden für den Kampf gegen tödlichen Hunger zu generieren. Und der effektive Einsatz von Gamification zugunsten verschiedener Nachhaltigkeitsziele (Sustainable Development Goals) – vom Kampf gegen den Klimawandel über die Beendigung von Hunger und Armut bis hin zu globalen Fortschritten im Bereich der Bildung – kann letztlich dem Überleben von Millionen dienlich sein.

Diese positiven Beispiele und Entwicklungen sollen jedoch nicht darüber hinwegtäuschen: Jedes Instrument kann zum Guten und zum Schlechten eingesetzt werden. Dies gilt auch für Gamification. Als Beispiel sei nur die asymmetrische Einflussnahme auf politische Meinungsbildung durch Extremisten genannt. Die Gefahr des Missbrauchs sollte aber nicht dazu führen, die Augen vor dem Trend und den Möglichkeiten für eine sinnvolle gemeinwohlförderliche Nutzung zu verschließen. Ganz im Gegenteil!

Wir sind auf dem Weg in die gamifizierte Gesellschaft: Insgesamt erleben wir eine in der Menschheitsgeschichte einzigartige Gamifizierung des Lebens.[41] Es sollte wegen der Vielzahl potenziell positiver Effekte gelingen, das Thema in der Breite im Dritten Sektor zu platzieren und zu popularisieren.

Dafür ist es notwendig, systematisch alle relevanten Stakeholder zu vernetzen und in einen kritischen Diskurs zu bringen, der die Basis für die erfolgreiche Nutzung der Möglichkeiten von Gamification zugunsten des Gemeinwohls schafft – einem entscheidenden Erfolgsfaktor überall dort, wo es um Wissen und Kommunikation, Einstellungen, Motivation und menschliches Verhalten geht.

---

medizinische Versorgung der Kinder erheblich erleichtert. Siehe www.mig.tu-berlin.de/fileadmin/a38331600/2016.teaching.ws/eHealth/VL_12_mHealth_1_.pdf

39 Weitere Beispiele siehe S. 121ff.
40 www.pulsepoint.org/pulsepoint-aed
41 https://issuu.com/f21_zukunft/docs/f21_gamification

12. Fazit

Spielen gehört zum Menschsein in jedem Alter. Spiele sind seit jeher ein wichtiger Teil der menschlichen Kultur.

Gamification bezeichnet die Integration von Spielelementen und Spielmechaniken in spielfremde Kontexte. Das bietet die Möglichkeit, diese Kontexte zielgruppenbedürfnis- bzw. menschengerechter zu gestalten („human focused design"[1]).

Gamification bietet einer Institution oder Organisation beim Verfolgen von Zielen grundsätzlich noch mehr Möglichkeiten als der Einsatz von Zweck-Spielen (z.B. sogenannte Serious Games): Wegen der prinzipiell unbegrenzten Variationsmöglichkeiten sind Gamification-Lösungen flexibler, da sie eben nicht auf den Einsatz eines Stand-alone-Spiels beschränkt sind.

Spiele und der Einsatz von Spielelementen (Gamification) können die kognitive und kreative Leistungsfähigkeit und das Wohlbefinden von Menschen erheblich steigern und auch ihr Lernen, ihre Einstellung und ihr Verhalten positiv beeinflussen. Sie haben darüber hinaus Nachwirkungen auch in der Zeit nach Spielende bzw. nach Ende der gamifizierten Prozesse.

Gamification kann auch eingesetzt werden, um Zielgruppen besser zu erreichen und zu involvieren. Zudem bietet Gamification die Chance, die potenzielle Kreativität von Menschen für die Entwicklung von Lösungen (für wissenschaftliche und andere Fragestellungen) besser zu aktivieren und zu nutzen. Wegen der motivationssteigernden Wirkung lässt sich die Methodik im Dritten Sektor auch für die Verbesserung z.B. von Fundraising, Organisationsentwicklung, Agenda Setting und Kampagnen einsetzen.

Wesentlicher Grund für die Wirkung von Gamification ist der motivationssteigernde Effekt. Beim Verfolgen von Zielen ist es generell nachhaltiger, auf intrinsische statt auf extrinsische Motivation von Zielgruppen zu setzen. Wenn spielfremde Umgebungen mittels Gamification (um)gestaltet werden, ergibt sich die Chance, die Zielgruppen vermehrt intrinsisch zu motivieren.

---

1   Der Begriff als Alternative zu Gamification stammt offenbar von Chou (2016), S. 8ff.

Soweit die Wirkung von Gamification empirisch wissenschaftlich untersucht oder auf andere Weise gemessen wurde, sind die Ergebnisse überwiegend positiv. Die Entwicklung von Gamification-Lösungen in der Praxis profitiert von neueren Forschungsergebnissen aus verschiedenen Wissenschaftsgebieten (z.b. Psychologie, Hirnforschung, Medienwissenschaften).

Aber zu Gamification klafft derzeit noch eine erhebliche Forschungslücke. Dies steht im Widerspruch zur wachsenden Praxis von Gamification in immer mehr Bereichen unseres Lebens und den damit verbundenen Chancen. Obwohl die wissenschaftliche Bearbeitung von Gamification an verschiedenen Lehrstühlen und Instituten hierzulande seit Kurzem zugenommen hat, besteht in Deutschland ein Nachholbedarf im Vergleich zu anderen Industrienationen.

In Deutschland fehlen insbesondere umfassendere Forschungsprogramme zu Gamification. Es mangelt zudem an spezifischen größeren Austausch- und Vernetzungsplattformen zum Thema Gamification – sowohl innerhalb der Wissenschaft als auch zwischen Wissenschaft und anderen, z.B. Kreativen und einschlägigen Akteuren der Wirtschaft sowie Vertreterinnen und Vertretern des Dritten Sektors. Der Mangel an größeren Forschungsprogrammen und Plattformen im deutschsprachigen Raum ist auch ein Standortnachteil im weltweit stark wachsenden Gamification- Markt, dessen Angebote darum – von Ausnahmen abgesehen – primär außerhalb Deutschlands (und damit zum Teil nach anderen Wertmaßstäben) entwickelt werden.

Es gibt nahezu kein Themengebiet und keinen Kontext, der sich prinzipiell überhaupt nicht für Gamification eignet. Dementsprechend breitet sich Gamification in immer mehr Bereiche des Alltagslebens aus. Grundsätzlich eignet sich Gamification für alle Zielgruppen, Themen und Kontexte. Das heißt aber nicht, dass Gamification immer sinnvoll ist.

Gamification wird in zunehmend mehr Bereichen der Wirtschaft eingesetzt – sowohl für interne Veränderungen als auch für die Interaktion mit externen Zielgruppen – und entwickelt sich dort zum „new normal". **Im Vergleich zur kommerziellen Wirtschaft hinkt der Dritte Sektor bei der systematischen und kompetenten Nutzung von Gamification deutlich hinterher.** Es gibt jedoch trotzdem positive Beispiele aus nahezu allen Bereichen des Gemeinwohlsektors (Staat, Stiftungen, sonstige NGOs), in denen Gamification bereits erfolgreich eingesetzt wurde oder wird.

Um das Potenzial von Gamification für den Gemeinwohlsektor umfassend und systematisch identifizieren und ausschöpfen zu können, fehlt es hierzulande an vielem: Das Themenfeld ist bei vielen Entscheiderinnen und Entscheidern im Gemeinwohlsektor wenig bekannt. Es gibt kaum spezifische Qualifizierungsangebote. Es mangelt an Serviceangeboten und Verbindungen zu kommerziellen Dienstleistern und Experten, an Plattformen für den multisektoralen Austausch von Gemeinwohlsektor, Wissenschaft und der Gamification-Szene. Und es gibt in Deutschland keine Institution, die sich zugunsten des Gemeinwohlsektors dafür einsetzt, dass das Thema und seine Potenziale stärker wahrgenommen und die genannten Lücken geschlossen werden. Andere Industrieländer sind da – zum Teil aufgrund der Förderung durch Stiftungen – weiter.

Gamification ist nicht auf den Einsatz von digitalen Spielelementen beschränkt. Aber mit neuen digitalen Spielmöglichkeiten und -features und mit der Verbreitung von mobilen internetfähigen Geräten (v.a. Tablets und Smartphones) gibt es immer mehr Einsatz- und Gestaltungsmöglichkeiten für Gamification. Diese Erweiterung der Möglichkeiten wird mit neuen technischen Entwicklungen noch stärker zunehmen. Wo digitale Spielelemente eingesetzt werden, können die wachsende Gaming-Affinität aller Altersgruppen und ihre entsprechenden Erfahrungen, Kommunikationswelten und Kompetenzen genutzt werden.

Heutzutage sind Menschen überwiegend schon in jungen Jahren mit Smartphones und Tablets ausgerüstet. Eine gewisse **technische Infrastruktur ist in der Breite der Bevölkerung also weitgehend vorhanden und kann bei Gamification-Projekten eingeplant werden.** Zudem können Elemente bereits vorhandener digitaler Spiele (wie z.B. Minecraft[2]) und Gamification-Plattformen ohne großen Zusatzaufwand genutzt werden. Und wo Geräte wie Spielkonsolen (z.B. für die Aktivierung von Demenzkranken) fehlen, sind die Anschaffungskosten im Vergleich zu den auch finanziell bedeutsamen Effekten relativ gering.

Der effektive Einsatz von Gamification ist (wie das Spielen) nicht auf eine Bevölkerungs- bzw. Altersgruppe beschränkt, und es ist auch nicht ersichtlich, dass Gamification für eine bestimmte Alters- oder Bevölkerungsgruppe geeigneter ist als für andere.

---

2   Siehe S. 113ff.

Das heißt: Weil Spielen zum Menschsein und nicht nur zur Kindheit gehört, ist Gamification **grundsätzlich für alle Bevölkerungs- und Altersgruppen geeignet:** von Kindern bis zu Menschen mit Altersdemenz. Beim Einsatz von Gamification erhöht jedoch eine Differenzierung nach Persönlichkeitstypen die Erfolgswahrscheinlichkeit. Die Erfahrungen, die in der Game-Industrie und bei Gamification in der Wirtschaft im Hinblick auf die zielgruppenspezifische Gestaltung bereits gemacht wurden, können (und sollten) für Gamification im Gemeinwohlbereich berücksichtigt werden. Dies kann dabei nützen, **die Interventionen zugunsten des Gemeinwohls zielgruppenspezifischer zu gestalten** und die verschiedenen Persönlichkeitstypen ebenso wie neue technische Möglichkeiten zu berücksichtigen – und das steigert die Effektivität.

Der Erfolg von Gamification hängt wesentlich vom Design ab. Für die Gestaltung eines Gamification-Design-Prozesses kann der Gemeinwohlsektor auf Expertise aus dem kommerziellen Sektor und der einschlägigen Wissenschaft zurückgreifen. Das Design von Gemeinwohlprojekten erfolgt in der derzeitigen Praxis aber oft ohne relevante Ressourcen dafür und nicht selten nur durch Akteure des Gemeinwohlsektors selbst (z.B. Antragstellende gemeinnütziger Organisationen oder Entscheiderinnen und Entscheider in Förderinstitutionen).

Im Dritten Sektor ist es eher die Ausnahme, dass für die Konzeption eines Projekts relevante Fördermittel zur Verfügung stehen und Expertise aus dem kommerziellen Bereich eingebunden werden kann. Anträge müssen oft detailliert beschreiben, wie die eigentliche Gemeinwohlintervention aussehen und wirken soll, wenn sie eine Chance auf Bewilligung haben sollen. Dass die Entwicklung von Gemeinwohlprojekten unterfördert ist und meist die Ressourcen fehlen, um verstärkt externe Expertise einzubinden, stellt generell ein Hemmnis für effektiveres Gemeinwohlwirken dar. Im Ergebnis ist dieses „Sparen", das eine bessere Planung verhindert, teuer, denn es werden Chancen verschenkt. Das gilt auch für die Gestaltung von Gamification.

Um die Chancen auszuschöpfen, ist erstens **eine verstärkte Förderung bereits des Designens von gamifizierten Gemeinwohlprojekten erforderlich** – inklusive Maßnahmen zum besseren Verständnis der Zielgruppe und Einbindung von Expertise aus anderen Sektoren. Zweitens ist dafür eine **Flexibilisierung des Handelns von Förderstiftungen und staatlichen Förderprogrammen notwendig:** Gute, effektive Gamification-Lösungen erfordern nicht nur Vorab-Tests; sie werden vielmehr als intelligente Projekte entwickelt, deren Planerinnen und Planer auch bei der Implementierung laufend von Erfahrungen lernen und das Projektdesign entsprechend anpassen. Daher kann die Gestaltung also nicht vorab (in Förderanträgen) detailliert und umfassend festgelegt werden.

Gamification lässt sich für kleinere Gemeinwohlvorhaben auch als kostengünstige Lösung verwirklichen. In dem Fall ist aber eine entsprechende Fortbildung von Gemeinwohlakteuren erforderlich. Ein gewisses Know-how im Themenfeld Gamification ist für gemeinnützig Tätige vor allem notwendig, damit sie einschätzen können, wann und inwieweit Gamification lohnt und welche vorhandenen Ressourcen (z.B. Elemente aus bestehenden Spielen) sich nutzen lassen. Ein entsprechendes Qualifizierungsangebot fehlt aber bislang. **Um gute, wirkungsvolle Gamification-Lösungen im Gemeinwohlsektor auf den Weg zu bringen, ist die Finanzierung von Fortbildungen und Entwicklungsworkshops zweifellos eine sinnvolle Investition.**

In der Summe sehen wir als Ergebnis dieses Reports: Gamification kann dazu beitragen, erstens vorhandene Ressourcen bei der Verfolgung von Gemeinwohlanliegen auf ganz unterschiedlichen Gebieten effektiver einzusetzen und zweitens zusätzliche Ressourcen und Partner für solche Gemeinwohlanliegen zu mobilisieren. **Deutschland braucht darum eine Gamification4Good-Initiative.**

Vor dem dargelegten Hintergrund stellen wir die nachstehenden Empfehlungen zur Diskussion.

13. Zehn Empfehlungen

1. Gamification als Chance für das Gemeinwohl ernst nehmen
Vielfach wird Gamification als Spielerei abgetan und für die Auseinandersetzung mit seriösen Themen nicht ernst genommen. Allerdings wurde im vorliegenden Report gezeigt, dass Gamification vielfältige Potenziale bietet. Deswegen sollte Gamification stärker in den Fokus der Gemeinwohlakteure einschließlich der Politik rücken. Es sollte sowohl die Forschung als auch die Praxis gefördert werden, damit die aufgezeigten Potenziale genutzt werden können. Dafür bedarf es u.a. einer Institution, die sich dieser „Popularisierungsaufgabe" annimmt.

2. Grundlagenforschung zu Gamification fördern
Die in diesem Report identifizierte große Forschungslücke gilt es zu schließen. Der Forschungsstand ist insbesondere in Deutschland sehr überschaubar. Andere Länder wie die USA und die Niederlande oder skandinavische Länder sind Deutschland weit voraus. Zu empfehlen ist daher auch die Unterstützung transnationaler Forschungsprojekte.

3. Förderung wissenschaftlicher Forschung speziell zur Wirksamkeit und Nachhaltigkeit von Gamification
Gamification wird häufig zur Verhaltensbeeinflussung genutzt. Die entsprechende Wirksamkeit von Gamification ist bislang aber in vielen Bereichen zu wenig wissenschaftlichen Maßstäben genügend evaluiert worden. Viele Gamification-Anwendungen der Wirtschaft zielen zudem auf eine zeitlich kurzfristige Beeinflussung des Verhaltens und oft wird nur dieses dann gemessen. Demgemäß besteht ebenfalls ein dringender Bedarf an Studien zur Nachhaltigkeit der Wirkung von Gamification.

4. Einbindung von Game-Designern in wissenschaftliche Forschungsprojekte
Da an der Entwicklung von anspruchsvolleren Gamification-Anwendungen immer auch Game- oder Gamification-Designerinnen und -Designer beteiligt sind, die erhebliche Expertise mitbringen, sollten diese bei der Entwicklung und Durchführung von wissenschaftlichen Forschungsprojekten zu Gamification vermehrt hinzugezogen werden.

5. Einrichtung eines Thinktanks
Um Gamification speziell für das Gemeinwohl optimal nutzen zu können, ist eine interdisziplinäre Zusammenarbeit zwischen ausgewählten Expertinnen und Experten sowohl aus dem Bereich Gamification

als auch aus dem Dritten Sektor ratsam. Die Ausgangsposition dafür kann insofern als gut eingestuft werden, weil die im Zusammenhang mit diesem Report befragten Personen mit Gamification-Expertise ausnahmslos ihr großes Interesse an einer Zusammenarbeit mit dem Dritten Sektor bekundet haben.

Ein erstes Ziel sollte sein, die zwei verschiedenen Welten zusammenzuführen und Vorurteile oder falsche Erwartungen zu revidieren. So zeigte sich im Rahmen der Erarbeitung dieses Reports u.a., dass einige der befragten Akteure aus dem Dritten Sektor zwar bereits von Gamification gehört hatten, aber eine weitgehende Unklarheit darüber bestand, was Gamification tatsächlich beinhaltet und welche Potenziale sich damit verbinden. In einem zweiten Schritt sollten unter Berücksichtigung der in diesem Report dargelegten Potenziale von Gamification konkrete Konzepte und Qualifizierungsangebote (siehe unten) erarbeitet werden.

6. Berater für Gamification4Good vernetzen und vermitteln

Wer Gamification für Gemeinwohlinterventionen einsetzen möchte, weiß oft kaum, wohin er oder sie sich wenden soll. Auf der anderen Seite sind entsprechende Gamification-Beraterinnen und -Berater oft Einzelkämpfer, häufig ohne Kontakt zum Dritten Sektor und untereinander. Insofern ist eine doppelte Vernetzung solcher Berater – untereinander und mit dem Dritten Sektor – erforderlich und es bedarf einer Institution (z.B. der genannte Thinktank), die sich um die Vernetzung und den Erfahrungsaustausch kümmert.

7. Einrichtung von Coworking Spaces

Um den Einsatz von Gamification auf breitere Fundamente zu stellen, sollte ein langfristiges Ziel sein, mehr entsprechende Coworking Spaces (z.B. an Universitäten) einzurichten. Zu empfehlen ist insbesondere die vermehrte Unterstützung der Zusammenarbeit von Game- bzw. Gamification-Designern und Studierenden an gemeinsamen Projekten.[1]

8. Gamification4Good-Designer interdisziplinär ausbilden

Um Gamification erfolgreich „auf breiter Front" für das Gemeinwohl umsetzen zu können, werden mehr Gamification-Designerinnen und -Designer gebraucht, die zum interdisziplinären Denken fähig sind und die ein tieferes Verständnis des Dritten Sektors haben. Darum sollten

---

[1] Als Beispiel können Gamelabs wie das der Humboldt-Universität zu Berlin genannt werden, siehe S. 157.

entsprechende Studien- bzw. Ausbildungsgänge an Hochschulen eingerichtet werden.

9. Insbesondere Bildungseinrichtungen zur Umsetzung von Gamification befähigen

Gamification sollte vor allem Bildungseinrichtungen – nicht nur Schulen und Hochschulen! – leichter zugänglich gemacht werden. Dafür ist eine Voraussetzung, dass die jeweilige Einrichtung erst einmal zum Einsatz von Gamification befähigt wird. Strebt beispielsweise eine Schule an, ein Gamification-Projekt durchzuführen, muss sie unter Umständen auch ihre Strukturen entsprechend verändern. Und sie braucht eine Kerngruppe von Lehrenden, die das Thema verstehen.

10. Qualifizierungsangebote für Akteure des Dritten Sektors entwickeln

Damit Akteure insbesondere des Dritten Sektors (operativ und fördernd Tätige) einschätzen können, wann und wie Gamification die Effektivität ihrer Aktivitäten steigern könnte, ist ein solides Grundwissen zu dem Thema erforderlich. Dementsprechend sollten niedrigschwellige Fortbildungsangebote entwickelt und gefördert werden.

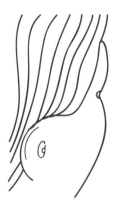

Einsatzgebiete im Gemeinwohlsektor: Praxisbeispiele

Kids Riding Bikes

Die Organisation Nine13sports gamifiziert das Fahrradfahren, um Gesundheit und Wohlbefinden von Kindern und Jugendlichen zu fördern und die MINT-Bildung zu stärken.

Die in Indianapolis, Indiana (USA), beheimatete Organisation Nine13sports will Gesundheit und Fitness von Kindern und Jugendlichen fördern und Zusammenhalt, Teamwork und gegenseitigen Respekt stärken. Hierfür bedient sie sich des Fahrrads als Vehikel.

Virtuelle Welten erradeln

Bei ihrem Programm „Kids Riding Bikes" kooperiert Nine13sports mit Schulen. Im Rahmen des Sportunterrichts trainieren Schülerinnen und Schüler auf Standfahrrädern in der Turnhalle, während eine Software sie in die Welt eines Videospiels entführt und zugleich das Fahrradfahren draußen simuliert.

10 Prozent der Teilnehmenden sind noch nie zuvor Rad gefahren, 40 Prozent haben zuhause kein Fahrrad.

Bildnachweis: Nine13sports

Ziel des Programms ist es, allen das Mitmachen zu ermöglichen – unabhängig davon, ob sie bereits Fahrrad fahren können oder nicht. Gleichzeitig schlägt das Programm eine Brücke ins Klassenzimmer, indem es die MINT-Kompetenzen der Schülerinnen und Schüler stärkt: So bekommen die Teilnehmenden über das Fahrrad konkrete Zugänge zu Technik, Mathematik, Naturwissenschaften und Gesundheit und lernen über die Vorteile des Fahrrads als Verkehrsmittel. Darüber hinaus können die Schülerinnen und Schüler einen Einblick in das Programmieren der Software bekommen, die die Organisation im Rahmen von „Kinds Riding Bikes" verwendet. Soft- und Hardware stammen ursprünglich von einem Anbieter, der diese für das Training von olympischen Athleten entwickelt hatte. Nine13sports modifizierte sie für ihre Zwecke.

Die Organisation ist mit ihrem Konzept sehr erfolgreich: Für 2018 hat sie bereits mit 160 Schulen eine Zusammenarbeit vereinbart, weitere 250 stehen auf der Warteliste. Jeden Tag nehmen durchschnittlich 150 Schülerinnen und Schüler teil. Die im Rahmen des Programms erhobenen Daten belegen ihren Fortschritt – und alle Lehrkräfte, mit denen Nine13sports bereits zusammengearbeitet hat, wünschten sich eine Wiederholung.

Kurzinfos

Aufwand: mittel | **Richtet sich an:** Jugendprogramme, Schulen und andere Kommunalverbände sowie generell an Kinder und Jugendliche zwischen 5 und 18 Jahren | **Gibt es seit:** 2012, erweitert 2016, 2017 und 2018

nine13sports.org

Bildung

Google Expeditions

Die Virtual-Reality-App ermöglicht Schülern Ausflüge in ferne Länder, den menschlichen Körper oder das Weltall, ohne das Klassenzimmer zu verlassen.

„Google Expeditions" nennt sich das Angebot, das verspricht, den Unterricht zu einem neuen Erlebnis werden zu lassen. Dazu benötigen Schülerinnen und Schüler neben der App Google Expeditions einen speziellen Karton (das „Cardboard"), in den sie ihr Smartphone stecken und so zur Virtual-Reality-Brille umfunktionieren. Das Unternehmen ist davon überzeugt, dass das sinnliche Erleben von Lerninhalten besonders nachhaltig wirkt, und möchte mit dem Einsatz neuer Technologien junge Menschen begeistern.

Vom Klassenzimmer ins Great Barrier Reef

Das Angebot an „Expeditions" umfasst inzwischen mehr als 500 virtuelle Ausflüge – darunter Tauchgänge durch Australiens Great Barrier Reef, Flüge über die Pyramiden von Gizeh oder Rundgänge durch Museen wie das Frankfurter Senckenberg Naturmuseum mit seinen Dinosaurierskeletten. Die Virtual-Reality-Panoramen arbeiten mit 360-Grad-Bildern, 3-D-Fotos, Videos und einer passenden Geräuschkulisse. Lehrerinnen und Lehrer begleiten ihre Klassen auf den Touren und spielen via Tablet Hintergrundinformationen und Fragen ein, um Diskussionen in der Klasse anzuregen. Die Stiftung Lesen hat als Kooperationspartner Begleitmaterialien entwickelt, die gewährleisten, dass die „Expeditions" die Lehr- und Lernziele der jeweiligen Klassenstufen unterstützen.

50 Schulen aus ganz Deutschland haben an der Pilotphase teilgenommen. Expeditions-Trainer besuchten im Vorfeld die Schulen und stellten die technische Ausstattung zur Verfügung. Das Programm ist für Schulen und Lernende kostenlos. Anmeldungen sind per E-Mail möglich.

Die neueste „Expedition" beschäftigt sich mit erneuerbarer Energie: Schülerinnen und Schüler erkunden, was Wind ist und besuchen aus der Perspektive von Wartungsmechanikern eine Offshore-Windkraftanlage.

Bildnachweis: Google LLC

Kurzinfos

Aufwand: gering | **Richtet sich an:** Dritt- bis Sechstklässler | **Gibt es seit:** 2017 | **Entwickler:** Google LLC im Zusammenarbeit mit Stiftung Lesen

https://edu.google.com/expeditions

Bildung

KEEP COOL

Das Planspiel zum Klimawandel nimmt die Spieler in die Verantwortung für eine nachhaltige Zukunft.

Jeweils drei bis sechs Spielerinnen und Spieler übernehmen die politische Führung einer Staatengruppe. Sie verhandeln in simulierten Gipfeltreffen die globale Klimapolitik, entdecken Ursachen für den Klimawandel und suchen nach Lösungen. Die Idee zum Spiel hatten Klaus Eisenack und Gerhard Petschel-Held, als beide am Potsdam-Institut für Klimafolgenforschung arbeiteten (redaktionelle Betreuung: Spieltrieb GbR). Gedacht vor allem zum Einsatz an Schulen und Bildungseinrichtungen, gibt es KEEP COOL als Brettspiel und als Online-Game (auch mobil).

Allianzen bilden, Klima retten

Jede Ländergruppe zieht ein wirtschaftliches und ein politisches Ziel. Die Spielerinnen und Spieler müssen sich entscheiden: Wollen sie saubere Energie aus Windkraft- und Solaranlagen oder setzen sie auf die günstigeren fossilen Energieträger? Gefordert ist eine Balance zwischen Klimaschutz und egoistischen Zielen. Wer „schwarze" Fabriken mit fossilen Brennstoffen baut, erhöht die Temperatur auf dem globalen „Karbometer", Anpassungsmaßnahmen wie der Bau „grüner" Fabriken entlasten das Klima. Mit der virtuellen Währung kaufen Spieler Fabriken, reißen diese ab oder bilden Innovationsfonds. „Treibhauskarten" kündigen Katastrophen wie Dürren, Hochwasser oder Epidemien an und erzeugen Kosten für die Ländergruppen. Gewinner ist, wer seine politischen und wirtschaftlichen Ziele erreicht. Um zu politischen Erfolgen zu kommen, ist es notwendig, Allianzen zu schmieden und gemeinsam zu agieren. Kommunikatives Gespür und Verantwortungsbewusstsein sind gefragt.

Bildnachweis: KEEP COOL

Die Online-Variante ermöglicht es, den Prozess des Klimawandels noch präziser und anschaulicher darzustellen, außerdem sind alle Spielschritte dokumentiert, was die inhaltliche Nachbereitung deutlich vereinfacht. Seit 2004 wurden 10.000 der Brettspiele verkauft. 2013 erhielt das Spiel den Sparda-Umweltpreis. Es ist vom Rat für Nachhaltige Entwicklung zertifiziert.

Kurzinfos

Aufwand: gering | **Richtet sich an:** Schülerinnen und Schüler | **Gibt es seit:** 2004 | **Auftraggeber (Online-Spiel):** Schulen ans Netz e.V. | **Entwickler (Online-Spiel):** karoshi Gesellschaft für Kommunikation mbH | **Anbieter:** Eduversum GmbH

www.spiel-keep-cool.de

Khan Academy

Die digitale Lernplattform motivierte 1 Million Schüler mit einem gamifizierten Wettbewerb.

Die Khan Academy ist eine US-amerikanische Non-Profit-Organisation, die sich zum Ziel gesetzt hat, weltweit kostenlose Bildungsangebote zur Verfügung zu stellen. Initiator Salman Khan begann 2008 im Rahmen der Khan Academy, Lehrvideos mit einer freien Lizenz zu veröffentlichen. Inzwischen existieren rund 4.000 dieser kurzen Filme zu annähernd allen Schulfächern der Klassenstufen 3 bis 12. Begleitend erhalten Lehrende sowie Schülerinnen und Schüler Zugang zu interaktiven Übungsaufgaben auf der Online-Plattform der Organisation. Eine Software erfasst Lernfortschritte individuell und passt das Aufgabenniveau an. Motivation entsteht nicht zuletzt durch die Vergabe von Punkten und virtuellen Abzeichen (Badges), die im persönlichen Profil sichtbar sind.

„Learn Storm"

Im Herbst 2017 nahmen 10.000 Lehrer und eine halbe Million Schüler in den USA an der Challenge „Learn Storm 2017" teil. Ziel war es, in den Wochen nach den Sommerferien Lernstoff spielerisch aufzufrischen und Fähigkeiten zu erlernen, die fit für das neue Schuljahr machen. Nach einer kostenlosen Registrierung sollten alle Teilnehmenden pro Woche drei Aufgaben aus dem Fundus der Khan Academy lösen – sechs Wochen lang. Gelang es allen Mitgliedern des Klassenverbands, die Aufgaben einer Woche zu lösen, rückten sie ins nächste Level vor und erhielten Belohnungen wie digitale Abzeichen, Zertifikate und Geschenkboxen. Die erfolgreichsten Schulen des Landes bekamen am Ende Geldpreise.

Die Khan Academy arbeitet spendenfinanziert und erhielt Mittel u.a. von der Bill & Melinda Gates Foundation und von Google. Nach eigenen Angaben lernen rund 10 Millionen Schülerinnen und Schüler in 190 Ländern mit der Khan Academy. Freiwillig Engagierte übersetzen die Lernvideos u.a. für die deutschsprachige Website.

Bildnachweis: Courtesy of the J.A. and Kathryn Albertson Family Foundation

Kurzinfos

Aufwand: gering | Richtet sich an: Schülerinnen und Schüler der Stufe 3 bis 12 |
Gibt es seit: 2008 | Auftraggeber: Khan Academy

www.learnstorm2017.org | www.khanacademy.org

Classcraft

Das Online-Rollenspiel gamifiziert den Unterricht – davon profitieren Lehrer, Schüler und Eltern.

Der kanadische Physiklehrer und Webentwickler Shawn Young hatte 2011 die Idee, seine Schülerinnen und Schüler mit einem Online-Rollenspiel zum Lernen zu motivieren, den Teamgeist zu stärken und das Sozialverhalten positiv zu beeinflussen.

Spielend lernen

In seiner Freizeit programmierte Young die erste Version des Videospiels „Classcraft", für das die Jugendlichen in die Rolle von Kriegern, Magiern oder Heilern schlüpfen. Die Bearbeitung der Aufgaben geschieht im Team und nicht in Konkurrenz zueinander. Bei Lernerfolgen und vor-

Bildnachweis: Classcraft

bildlichem Verhalten sammeln die Schülerinnen und Schüler Erfahrungspunkte, die sie zu höheren Leveln führen. Punktabzüge gibt es etwa für Zuspätkommen und Mobbing. Der Punktestand hat direkte Konsequenzen in der analogen Unterrichtswirklichkeit: Boni, wie die Erlaubnis, im Unterricht essen zu dürfen, sieht das Spiel ebenso vor wie einen Malus beispielsweise in Form von Nachsitzen. Für besondere Leistungen schüttet die Lehrkraft zusätzlich Goldstücke aus, mit denen die Spieler Ausrüstung oder Haustiere für ihre Avatare freischalten können.

Neues Lernklima

Der Einsatz von Classcraft verändert dabei nicht die Lerninhalte und versteht sich als gamifizierte Ebene, die den regulären Lehrplan lediglich spielerisch abbildet. Lehrende haben zusätzlich die Möglichkeit, Lehrmaterial digital zu verwalten und Analysewerkzeuge zu nutzen, um die einzelnen Schülerinnen und Schüler besser einschätzen zu können.

Shawn Youngs Idee hatte durchschlagenden Erfolg. Mittlerweile hat er ein eigenes Unternehmen gegründet. Bei Classcraft Studios Inc. sind 23 Mitarbeiterinnen und Mitarbeiter tätig. Sie entwickeln das Spiel weiter und vertreiben es an Bildungseinrichtungen. 20.000 Schulen arbeiten allein in den USA mit dem Spiel, weltweit sind 3,5 Millionen Nutzerinnen und Nutzer registriert. In Deutschland gibt es bislang 1.200 Lehrer-Accounts. Die Grundfunktionen von Classcraft sind kostenfrei. Erweiterte Funktionen können in verschiedenen Tarifstufen freigeschaltet werden.

Kurzinfos

Aufwand: gering | Richtet sich an: Schülerinnen und Schüler, Lehrkräfte, Bildungseinrichtungen | Gibt es seit: 2014 | Entwickler: Classcraft Studios Inc. | Kosten (für Nutzer): variabel

www.classcraft.com

Minecraft – schlauer werden mit Klötzchen

Das Videospiel Minecraft kennt fast jeder Schüler – beste Voraussetzung, um es auch im Unterricht und außerschulischen Lernen zu nutzen.

Das Videospiel Minecraft gehört mit 120 Millionen verkauften Lizenzen zu den weltweit erfolgreichsten Videogames. In der virtuellen Welt von Minecraft sind Spieler, Landschaften und alle Gegenstände – ähnlich dem Lego-Prinzip – würfelförmig aufgebaut und bestehen aus unterschiedlichen Materialien. Vorgegebene Missionen und klar definierte Wege zu einem Ziel gibt es nicht. Im „Überlebensmodus" hat Minecraft Wettbewerbscharakter, man kann gewinnen und verlieren. Die Spielerinnen und Spieler suchen dabei nach Rohstoffen und erschaffen sich Werkzeuge. Im „Kreativmodus" gibt es keinen Wettbewerb, kein Gewinnen und Verlieren. Die Spielenden lassen eigene Welten entstehen, bauen komplexe Gebäude, Land-

Bildnachweis: Minecraft: Education Edition

schaften oder Infrastrukturen. Bei dem Open-World-Spiel sind vor allem eigene Kreativität, Kollaboration und lösungsorientiertes Denken gefragt. Damit eignet sich Minecraft sowohl für die schulische als auch für die außerschulische Bildung.

Minecraft

2009 veröffentlichte der Schwede Markus Persson das Spiel Minecraft. Der Name leitet sich von zwei zentralen Tätigkeiten im Spielverlauf ab: dem „Mining" (Abbauen) von beispielsweise Erzen sowie dem „Craften" (Herstellen) von Werkzeugen aus den Rohstoffen. Im Zuge der rasant steigenden Popularität des Spiels entwickelte sich eine globale Community, die immer neue Texturen, Welten („Maps") oder Optiken („Skins") entwirft, die Themen wie z.B. „Star Wars" aufgreifen. Persson verkaufte seine Firma Mojang AB 2014 für rund 2 Milliarden Euro an Microsoft.

Für den Unterricht: „Minecraft: Education Edition"

In Kleingruppen gestalten Schülerinnen und Schüler aus Klötzchen einen fiktiven Regenwald im Jahr 1990. Danach wird derselbe Landstrich nach der Abholzung modelliert. Sie erkennen im Detail die Unterschiede in Flora und Fauna und entwickeln eine Prognose für das Jahr 2025. Schließlich formulieren sie einen „Call to Action",

um die Abholzung zu bremsen. Die Lektion „Deforestation" ist eine von vielen Angeboten, die „Minecraft: Education Edition" vorhält – eine spezielle Version des Spiels, das Mojang AB für den Einsatz im Klassenraum konzipiert hat. Microsoft hat das Potenzial von Minecraft für Bildungszwecke erkannt, nachdem das Spiel Teil des Unternehmens wurde.

Seit November 2016 können Schülerinnen und Schüler individuell oder im Klassenverband spielen und gleichzeitig lernen, ohne dafür Vorwissen zu benötigen.

Lehrerinnen und Lehrer können den Lernfortschritt komfortabel online verfolgen und über einen Chat mit einzelnen Spielern kommunizieren, die ihrerseits ihre Arbeit mit einem Screenshot-Tool dokumentieren. Mithilfe der Erweiterung „Code Builder" ist es zudem möglich, erste Programmierbefehle zu lernen und auf diese Weise Spielfiguren zu steuern.

Bildnachweis: Minecraft: Education Edition

Mit der zentralen Homepage steht Lehrkräften eine Plattform zur Verfügung, die hauptsächlich von Lehrenden entwickeltes Material vorhält. Darunter sind 24 „Worlds"; das sind vorkonfektionierte Welten, die den Einstieg besonders einfach machen: Beispielsweise gilt es, eine Windmühle zu konstruieren oder die Hängenden Gärten von Babylon kennenzulernen und auszugestalten. Zusätzlich bietet die Plattform Dutzende „Lessons": abgeschlossene Unterrichtseinheiten, die nach Klassenstufe und Unterrichtsfach sortiert angezeigt werden. Dort sind auch Unterrichtsmaterialien wie Handouts zum Herunterladen hinterlegt. Jeder Lehrende, der eine eigene „Lesson" entwickelt, kann diese hochladen und so der Community zur Verfügung stellen. (Auf einer weiteren freien Plattform, der MinecraftEdu World, finden sich weitere 200 „Worlds", die sich zwar nicht in die Education Edition importieren lassen, jedoch in die Standard-Lizenz.)

Nach Angaben von Microsoft nutzen rund 2 Millionen lizenzierte Nutzer in 115 Ländern die Minecraft: Education Edition. Bildungseinrichtungen erwerben Minecraft Education-Lizenzen, die bei 5 Dollar pro Jahr und Schüler liegen.

https://education.minecraft.net/

Minecraft in der politischen Bildung

Neben der Anwendung im Klassenverband hat sich Minecraft inzwischen auch als medienpädagogisches Instrument für außerschulische Bildungsträger bewährt. Zwei Beispiele aus Sachsen-Anhalt zeigen, wie vor allem die politische Bildung von dem Kreativ-Game profitieren kann. Die Junge Akademie Wittenberg ist der Studienbereich für gesellschaftspolitische Jugendbildung der Evangelischen Akademie Sachsen-Anhalt e.V. und hat sich mit innovativen Anwendungen des Spiels Minecraft in der Jugendbildung einen Namen gemacht (Dokumentation der Erfahrungen unter https://j-a-w.de/minecraft). Der Einsatz der virtuellen Welt Minecraft hat vor allem mit dem hohen Motivationspotenzial zu tun – gerade bei den unter 14-Jährigen gehört das Spiel zu den populärsten überhaupt.

Bildnachweis: Ev. Akademie Sachsen-Anhalt

„Das politische Berlin"

Dreimal hat bislang das einwöchige Minecraft-Camp für 10- bis 14-Jährige unter dem Namen „Das politische Berlin" stattgefunden. Während des ersten Durchgangs bauten die Teilnehmerinnen und Teilnehmer zunächst das Reichstagsgebäude in Minecraft nach. Bei der Rekonstruktion des Innenlebens entstanden zahlreiche Fragen:

Was ist ein Fraktionssitzungssaal? Was findet dort statt? Braucht man eine kreisförmige oder eine Theaterbestuhlung? Die Jugendlichen wollten verstehen, wie Aushandlungs- und Entscheidungsprozesse vor Ort stattfinden, um die Räume ausstatten zu können. Zum Abschluss fand eine Exkursion nach Berlin statt, inklusive Besuch des Reichstagsgebäudes und Treffen mit einem Staatssekretär, dem die Jugendlichen ihre Minecraft- Bauten vorstellen konnten. Fotos und kurze Videoclips (sogenannte „Let's Play") dokumentieren die neu geschaffenen Minecraft-Welten sowie das Gelernte.

Politische Bildung durch die Hintertür

Tobias Thiel, Studienleiter für gesellschaftspolitische Jugendbildung, machte folgende Beobachtung: „Wenn wir das Angebot mit ‚politische Bildung' überschrieben hätten, hätte das eher abschreckend gewirkt. Wenn man aber ein ‚Minecraft Camp' ankündigt, sind schnell alle Plätze belegt." Das Konzept findet ein breites Echo. So folgte eine Einladung zu Europas wichtigster Digitalkonferenz re:publica, auf der die Macher das Projekt vorstellten.

Am Ende des Camps steht nicht nur ein breiteres Wissen um politische und gesellschaftliche Zusammenhänge, sondern auch eine Erweiterung der Partizipationsmöglichkeiten. Die Jugendlichen machen den Schritt vom Konsumenten zum Produzenten von Inhalten, z.B. bei der Produktion der Minecraft-Videos.

Eine weitere Erkenntnis formuliert Tobias Thiel so: „Mit dieser Form des Game Based Learnings gelingt es, Barrieren aufzubrechen. Jugendliche, die in einer offenen Diskussionsrunde nur schwer Ideen und Meinungen formulieren können, entwickeln beim Übertragen in die Welt von Minecraft ihre ganz eigenen Bilder. Sie erkennen Probleme und präsentieren Lösungen." Vor allem aber wird eine Kompetenz wertgeschätzt, die nur allzu oft von Eltern oder Lehrern belächelt wird. Jugendliche wirken mit ihrem Wissen als Computerspielexpertinnen und -ex-

Bildnachweis: Ev. Akademie Sachsen-Anhalt

perten in der Bildungsarbeit mit. Das „politische Berlin" ist zudem ein geeigneter Einstieg in die Kommunikation mit Bundestags- oder Landtagsabgeordneten, kommunalen Entscheidern oder der Schulleitung.

www.j-a-w.de/berlin

„Muldcraft" – Partizipation mit Minecraft erleben

Auch für den Jugendclub 83 e.V. in Bitterfeld-Wolfen war Minecraft ein idealer Ansatzpunkt, um Schülerinnen und Schüler zu erreichen. Die Einrichtung der offenen Kinder- und Jugendarbeit nutzt das Spiel schon seit mehreren Jahren in der Demokratie- und Engagementförderung. Im Rahmen des Modellprojekts „Jugend im Land 3.0" entstand im Schuljahr 2015/16 eine Schul-AG, die den Jugendlichen Wege zu mehr Teilhabe weist.

Bildnachweis: Muldcraft

Jede Woche treffen sich seitdem zwischen 8 und 18 Schülerinnen und Schüler der Gemeinschaftsschule Muldenstein. Am Anfang bauten die Jugendlichen (Jahrgangsstufen 5 bis 9) lediglich das Schulgebäude nach. Im nächsten Schritt konnten die Mitglieder der „Muldcraft"-AG ihrer Fantasie freien Lauf lassen und konstruierten ihre persönlichen Traumhäuser. Schnell merkten sie, dass unterschiedliche Vorstellungen, wie ihre Minecraft-Stadt gestaltet wird, ausbalanciert werden müssen: Wer darf wo bauen? Was passiert, wenn jemand Gebäude beschädigt oder zerstört? Die Gruppe musste sich selbst Regeln geben. Zur Durchsetzung wurde das Amt des Bürgermeisters eingeführt, der etwa bei Gleichstand in einer Abstimmung das letzte Wort hat. Der Bürgermeister hat erstes Rederecht in der AG und eine Art Richtlinienkompetenz. Bei seiner Wahl schreiben Spielerinnen und Spieler im virtuellen Rathaus den Namen ihres Wunschkandidaten in ein digitales Buch, das als Stimmzettel fungiert, und schicken dieses in einen Abstimmungsraum.

Im Sinne eines Belohnungssystems erhalten Schülerinnen und Schüler, die etwas für die Allgemeinheit bauen, wie eine Straße oder eine Feuerwache, „Cookies", die interne Währung. Wie viele, das entscheidet wiederum die Gruppe.

Vom Spielen zum Machen

Um besser zu verstehen, wie in der eigenen Kommune das Bauen und Erschließen funktioniert, trafen sich die Jugendlichen mit der Gemeindebürgermeisterin. Sie stellte die örtlichen Flächennutzungs- und Bebauungspläne vor und erläuterte, warum z.B. das Errichten von Hochhäusern im ländlichen Raum nicht vorgesehen ist. Auch ihr Nachfolger ließ sich von dem Projekt begeistern. Da er ohnehin

Bildnachweis: Stephan Meurer

angetreten war, die Jugendbeteiligung im Ort zu stärken, konnte mit Unterstützung des Jugendclubs 83 ein Jugendgemeinderat im Ort eingerichtet werden.

Bildnachweis: Muldcraft

27 Kandidatinnen und Kandidaten, darunter drei aus der Minecraft-AG, stellten sich zur Wahl. Inzwischen konstituierte sich der Beirat und wird künftig beispielsweise zu Entscheidungen gehört, die die Altersgruppe betreffen.

Die Initiatoren der AG sehen deutliche Effekte bei den Jugendlichen. Stephan Meurer, Projektkoordinator beim Jugendclub 83, berichtet: „Sozialkompetenzen sind durch das regelmäßige Aushandeln von Entscheidungen deutlich gestiegen. Auch die Verantwortungsübernahme älterer Mitglieder der AG gegenüber jüngeren Schülerinnen und Schülern wirkt sich positiv aus."

Die Minecraft-Gruppe ist inzwischen zum echten Standortvorteil gegenüber anderen Schulen in der Region geworden und wird entsprechend prominent etwa an Tagen der offenen Tür präsentiert.

www.jugendclub83.org/demokratiebildung/jugend-im-land-3-0

Link-Tipps
Überblick über den Einsatz von Minecraft im Bildungsbereich:
minecraft-de.gamepedia.com/Lernen_mit_Minecraft
Blog mit konkreten Bildungsideen mit Minecraft – vom Datenschutz-Rollenspiel bis zur Bibelgeschichte: minecraftbildung.de
Kostenlose Open-Source-Variante von Minecraft: www.minetest.net

Bildung

Luca und ein verhängnisvoller Sommer

Ein Detektivcomputerspiel macht Kinder und Jugendliche stark im Umgang mit neuen Medien.

Schon Grundschülerinnen und -schüler sind heute größtenteils online. Bei allen Chancen, die dies eröffnet, bringt die Nutzung des Internets auch Gefahren mit sich. So gibt ein Drittel der 10- bis 18-Jährigen an, schon einmal negative Erfahrungen im Netz gemacht zu haben. „Luca und ein verhängnisvoller Sommer", ein Videospiel der Deutschen Kinderhilfe, hat zum Ziel, spielerisch für diese Gefahren zu sensibilisieren und auf einen verantwortungsvollen Umgang mit digitalen Medien hinzuwirken.

In dem Spiel bewegt sich eine Gruppe 10-Jähriger durch eine zweidimensionale Stadtlandschaft: das Nerd-Mädchen, die mutige Luca und ein weiterer Freund. Alle drei sind auf der Suche nach einem verschwundenen Hund. Dabei begegnen sie beispielsweise einer Schulkameradin, die gerade von einer Gruppe Jugendlicher bedrängt wird, die Fotos von dem Übergriff ins Netz stellen will. Die Spielerinnen und Spieler müssen entscheiden, wie sie reagieren. Angereichert ist die Geschichte mit Rätseln und Puzzles.

Bildnachweis: waza! Games

Wie viel gebe ich von mir preis?

Die Deutsche Kinderhilfe und der Entwickler Prof. Eric Jannot (waza! Games) legten bei der Konzeption besonderen Wert auf eine unterhaltsame Geschichte. Das Spiel sollte nicht als Lerneinheit wahrgenommen werden, die Story und Spielmechanik sollten Spaß machen und ohne Belehrungen auskommen. Durch den betont interaktiven Charakter werden die Spielerinnen und Spieler zu einem Teil der Geschichte und verstehen die Botschaft intuitiv - diese ist letztlich das Ergebnis der eigenen Handlungen. Auf diese Weise lernen die Kinder und Jugendlichen im Alter von 9 bis 13 Jahren Zivilcourage und einen kompetenten Umgang mit sozialen Medien, insbesondere mit Facebook, aber auch mit Phänomen wie Cyber-Mobbing und Sexting. Das Computerspiel bildet die Grundlage für eine vertiefte Diskussion im Unterricht. Es ist kostenlos auf der Internetseite der Deutschen Kinderhilfe erhältlich.

Kurzinfos

Aufwand: hoch | **Richtet sich an:** 9- bis 13-Jährige | **Gibt es seit:** 2015 | **Auftraggeber:** Deutsche Kinderhilfe e.V. | **Entwickler:** Eric Jannot, waza! Games
www.kindervertreter.de/de/projekte/bildung

Bildung

Moderate Cuddlefish

Als Moderatoren eines fiktiven Blogs müssen die Spieler für eine demokratische und faire Kommunikation sorgen.

„Moderate Cuddlefish" wurde von einer interdisziplinären Projektgruppe erarbeitet, die sich auf dem Game Jam zum Thema „Flucht und Vertreibung" der Bundeszentrale für politische Bildung zusammengefunden hat. Teilnehmende konzipierten und programmierten dabei ad hoc Prototypen eines Spiels. Zielgruppe von „Moderate Cuddlefish" sind Schülerinnen und Schüler sowie Mitglieder echter Online-Communitys. Als Moderatoren müssen sie entlang der AGB des Blogs blitzschnell entscheiden, welche Kommentare („cuddle") sie zulassen und welche nicht. Im Kontext der Flüchtlingsdebatte sind sie konfrontiert mit Hasskommentaren bis hin zu Gewaltandrohungen. Wer sich auf das Spiel einlässt, erlebt den Entscheidungsdruck eines Social-Media-Moderators. Der Perspektivenwechsel vom Diskussionsteilnehmer zum Mode-

Bildnachweis: Moderate Cuddlefish

rator soll die demokratische Urteilsbildung anregen.

Moderieren im Akkord

Angesichts der hohen Gesprächsgeschwindigkeit und Diskussionsüberschneidungen bräuchten die Moderatoren ähnlich einem Tintenfisch (engl. „cuttlefish") eigentlich viele Arme, um die Masse zu bewältigen. Reizwörter müssen sie sofort erkennen und die Grenze von Ironie und Grenzüberschreitung einschätzen. Am Ende einer Runde steigen oder fallen je nach Geschick des Moderators die Userzahlen - je mehr Nutzer, desto höher die Geschwindigkeit in der folgenden Runde. Jedes Level endet mit einer Reflexion. Das Entwicklerteam, dessen Mitglieder aus den Bereichen soziale Arbeit, Geschichte und Philosophie, visuelle Kommunikation und Game Development kommen, plant Erweiterungen um zusätzliche Level.

Kurzinfos

Aufwand: mittel | **Richtet sich an:** Jugendliche und junge Erwachsene | **Gibt es seit:** Herbst 2017 | **Auftraggeber:** Bundeszentrale für politische Bildung | **Entwickler:** August von Gehren, Manuel Manhard, Elise Maureen Merkel, Isabel Paehr, Sebastian Staack

cuddlefish.itch.io/moderate-cuddlefish

Integration, sozialer Zusammenhalt und politische Bildung

Empathy Up

Eine Smartphone-App bringt Einheimische und Geflüchtete spielerisch zusammen.

Marcel Neuenhaus ist 24 Jahre alt und studiert an der Hochschule Hamm-Lippstadt Technical Entrepreneurship and Innovation. Als 2016 zahlreiche Geflüchtete nach Hamm/Westfalen zogen, hatten viele seiner Freunde Berührungsängste mit den neuen Nachbarn. Sein ambitionierter Plan: Ein Mobile Game (eine Anwendung für Smartphones und Tablets) soll Einheimischen helfen, Empathie für Geflüchtete zu entwickeln und Begegnungen zwischen beiden Gruppen initiieren.

Vorbild Pokémon GO

Mit Unterstützung der ägyptischen Doktorandin Maha Aly entwickelte Neuenhaus ein Spiel, das ähnlich dem bekannten Pokémon GO funktioniert: Einem Augmented-Reality-Ansatz folgend navigieren sich die Nutzerinnen und Nutzer mittels der Kamerafunktion ihres Smartphones durch ihre Stadt. Die Spieler schlüpfen in die Rolle des Helden „Egufer" und folgen einem Stern, der auf dem Smartphone-Display erscheint. Die Storyline führt sie in die Welt „Syrdland". Die Aufgaben, die die Nutzer dafür erfüllen müssen, um den Weg zurück nach Hamm zu finden, beschäftigen sich mit dem Leben von Syrern in der Stadt. So gilt es beispielsweise, ein syrisches Geschäft zu finden und die Zutaten für ein typisches Gericht zu identifizieren. Hinweise haben teilweise syrische Freunde des Entwicklers als Audiostücke eingesprochen.

Bildnachweis: Marcel Neuenhaus

Empathie entwickeln

Die Spieler nähern sich auf diese Weise der Lebenswirklichkeit der Geflüchteten in Hamm an. Sie erfahren von deren Fluchtgeschichten, über ihre Religion und Kultur. Schließlich erfolgt eine ganz reale Begegnung mit Syrern, die ebenfalls eingeladen sind, an dem Spiel teilzunehmen. Während dieser Begegnung entdecken die Spieler unterschiedlicher Herkunft Gemeinsamkeiten und bauen Vorurteile ab. Im Mai 2017 konnten Neuenhaus und Aly mit dem Prototyp den dritten Platz in der „Student Design Competition" der Association for Computing Machinery in Denver, USA, erreichen. Beide arbeiten ehrenamtlich an der weiteren Verbesserung des Spiels, das Vereine und Initiativen später kostenlos nutzen können. Eine spielbare Beta-Version wird Mitte 2018 vorliegen.

Kurzinfos

Aufwand: hoch | **Richtet sich an:** Vereine, Initiativen, Unternehmen (als Multiplikatoren) sowie an Bürgerinnen und Bürger (als Spielende) in Hamm | **Gibt es seit:** 2018 | **Entwickler:** Marcel Neuenhaus, Maha Aly

MemoreBox

Therapeutische Videospiele fördern Bewegung und geistige Aktivität von Seniorinnen und Senioren und verlangsamen das Fortschreiten von Demenz.

Aktuell sind in Deutschland rund 1,6 Millionen Menschen an Demenz erkrankt. Typisch ist für den Krankheitsverlauf ein kontinuierliches Absterben von Verbindungen im Gehirn, sodass die Betroffenen immer mehr Dinge vergessen. Gleichzeitig wird die Koordination von Bewegungen beeinträchtigt, weshalb Demenzkranke häufiger stürzen als Gesunde. Menschen, die sich viel bewegen, sind seltener von Demenz betroffen und Videospiele können dazu beitragen, dass bestimmte Hirnregionen aktiviert werden.

Videospiele gegen Demenz

Von dieser Tatsache ausgehend hatte Manouchehr Shamsrizi, Gründer des Hamburger Start-ups RetroBrain R&D – selber Gamer – die Idee zur Entwicklung der MemoreBox. Sie beinhaltet vier bewegungsgesteuerte Videospiele und verbindet Gleichgewichts- und Krafttraining mit Denkaufgaben. Durch diesen dualen Ansatz kann das Absterben von (weiteren) Synapsen im Gehirn reduziert werden. Die Bedienung ist einfach: Die Spielerinnen und Spieler tragen ein Schild mit einem QR-Code auf ihrer Brust. Über den erkennt eine Kamera jede ihrer Bewegungen und überträgt sie auf einen Bildschirm.

Rund 40 Pflege- und Altenheime setzen die Memore-Box (Slogan: „Wenn Therapie auf Spaß trifft, dann ist es Memore") mittlerweile deutschlandweit zur Demenzprävention und zur Erhöhung der Lebensqualität alter und pflegebedürftiger Menschen ein. RetroBrain R&D kooperiert mit Partnern aus Wissen-

Bildnachweis: Andreas Wemheuer, Hospital zum Heiligen Geist, Hamburg

schaft, Technologie und Gesundheitswirtschaft und kombiniert bei seinen Ansätzen die Bereiche Gamifizierung, Physiotherapie, Ergotherapie und Neurowissenschaft. Die interdisziplinär konzipierten innovativen Lösungen des Unternehmens wurden bereits mehrfach ausgezeichnet, u.a. mit dem Eugen Münch-Preis 2016 und dem Rudi Assauer Preis. Derzeit wird die Wirkung der MemoreBox in Kooperation von RetroBrain R&D und der Krankenversicherung Barmer wissenschaftlich evaluiert.

Kurzinfos

Aufwand: mittel | **Richtet sich an:** Seniorinnen und Senioren ab 65 Jahren | **Gibt es seit:** 2008 | **Entwickler:** RetroBrain R&D

www.retrobrain.de

SuperBetter

Die Motivations-App hilft Menschen, glücklicher, gesünder und mental wie emotional stärker zu werden.

„SuperBetter" verdankt seine Entstehung einer Lebenskrise. 2009 löste eine Gehirnerschütterung bei der Spieleentwicklerin Jane McGonigal massive körperliche und psychische Symptome aus. Um einen Ausstieg aus dem Negativ-Karussell zu finden, dachte sie sich ein Spiel aus, das sie „Jane the Concussion Slayer" („Jane die Gehirnerschütterungs-Mörderin") nannte. Dafür bat sie Freunde, ihr Aufgaben zu geben, die sie täglich zu meistern hatte. Der Plan funktio-

Bildnachweis: SuperBetter

nierte, McGonigal ging es Stück um Stück besser. Später benannte sie das Spiel in „SuperBetter" um. Inzwischen unterstützt die Anwendung mehrere Hunderttausend Nutzerinnen und Nutzer in herausfordernden Lebenssituationen – immer mit dem Ziel, stark, motiviert und optimistisch zu bleiben.

Resilienz stärken

Die SuperBetter-Website und die entsprechende App (iOS und Android) fungieren dabei als Coach und leiten die Spielenden an, ihren „Epic Win" zu definieren, sich eine geheime Identität als Superheld zu kreieren, Freunde als Verbündete zu rekrutieren und tagtäglich Abenteuer in Form von individuell bestückten „PowerPacks" zu bestehen. Die Kombination der Aufgaben, die erledigt werden müssen, führen individuell auf das jeweilige Ziel hin – sei es, sein Körpergewicht zu reduzieren, eine Depression zu meistern oder schlicht mehr Energie zu bekommen. Durch den Kampf gegen den inneren Schweinehund erhöht sich die Punktzahl. Spielt ein depressiver Mensch SuperBetter, geht es ihm laut einer Studie der University of Pennsylvania nach 30 Tagen deutlich besser. Unter dem Hashtag #SuperBetter hat sich eine eigene Community in den sozialen Medien entwickelt. Für Unternehmen gibt es seit 2017 auch ein kostenpflichtiges „SuperBetter at Work"-Spiel.

Kurzinfos
Aufwand: gering | **Richtet sich an:** alle Menschen | **Gibt es seit:** 2012 | **Entwickler:** Jane McGonigal, SuperBetter, LLC
www.superbetter.com

Pain Squad

Pain Squad™ ist die erste interaktive App, über die krebskranke Kinder und Jugendliche Angaben zu ihrem körperlichen Befinden machen können.

Krebskranke Kinder und Jugendliche leiden unter teilweise sehr starken Schmerzen. Damit diese durch einen optimalen Medikamenteneinsatz reduziert werden können, bedarf es täglicher detaillierter Angaben der jungen Patientinnen und Patienten zu ihrem gesundheitlichen Befinden. Dafür ist es auch wichtig, ihr Bewusstsein für schmerzhemmende und -verstärkende Rahmenbedingungen zu schärfen. Oftmals sind die Kinder und Jugendlichen durch Krankheit und Therapie so müde und geschwächt, dass sie es nicht schaffen, regelmäßig ein Schmerztagebuch zu führen.

Brauchbare Ergebnisse durch Spaß und Motivation

Pain Squad soll dem entgegenwirken. Eine App erinnert sie über einen Zeitraum von zwei oder vier Wochen zweimal täglich an das Ausfüllen des Schmerzreports und vermittelt ihnen auf spielerische Art auch Spaß daran. Die Kinder und Jugendlichen werden im Rahmen der App Teil der Polizeieinheit Pain Squad. Die Lösung von Fällen erfolgt durch die Angabe von Schmerzdaten. Werden drei Berichte nacheinander über die App ausgefüllt, folgt ein Karrieresprung vom Rookie über den Detective bis hin zum Chief. Zudem erscheinen als Belohnung Videos von Stars aus bekannten Polizeiserien, die den Spielerinnen und Spielern zu ihrer Leistung gratulieren und positives Feedback geben. Die über die App eingegebenen Informationen werden für Forschungszwecke zur Krebsbehandlung genutzt. Darüber hinaus können die Patientinnen und Patienten nach Ablauf der zwei bzw. vier Wochen ihre Angaben einsehen und dadurch ein Gefühl dafür bekommen, wann und wodurch Schmerzen stärker oder schwächer auftraten.

Der Erfolg von Pain Squad ist offensichtlich: Die Quote vollständig ausgefüllter Schmerzreports betrug bei Pain Squad 81 Prozent, bei papierbasierten Schmerzreports gerade einmal 11 Prozent. Seit 2014 ist Pain Squad im App Store erhältlich, wurde bereits über 2.500-mal heruntergeladen und wird in verschiedenen Krankenhäusern in Kanada eingesetzt. Die Entwicklung dauerte knapp ein Jahr und kostete rund 90.000 Kanadische Dollar.

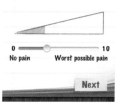

Bildnachweis: Courtesy of Dr. Jennifer Stinson, Hospital for Sick Children, Toronto

Kurzinfos

Aufwand: hoch | **Richtet sich an:** krebskranke Kinder und Jugendliche zwischen 8 und 18 Jahren | **Gibt es seit:** 2011 | **Auftraggeber:** Hospital for Sick Children in Toronto (Kanada) | **Entwickler:** Cundari und iOUCH research team des Hospital for Sick Children

www.campaignpage.ca/sickkidsapp

This City Is Going on a Diet

Der Bürgermeister von Oklahoma City motivierte die Einwohnerinnen und Einwohner seiner Stadt, gemeinsam 1 Million Pfund abzunehmen.

2007 landete Oklahoma City im Magazin „Men's Fitness" beim Ranking von Städten in den USA mit den dicksten Einwohnerinnen und Einwohnern auf Platz 8 (von 25). Daraufhin beschloss der mit 110 kg ebenfalls übergewichtige Bürgermeister Mick Cornett, zu handeln. Der damals 48-Jährige wollte selbst abnehmen und die Bürgerinnen und Bürger seiner Stadt motivieren, es ihm gleichzutun.

Bildnachweis: Karepa / Fotolia

Oklahoma City speckt ab

Sein Ansatz dabei: Gamification. Es wurde eine Internetseite eingerichtet, auf der sich alle, die abnehmen wollten, registrieren konnten. Online machten die Teilnehmenden Angaben zu ihrem Startgewicht und dokumentierten regelmäßig ihren Gewichtsverlust. Motivierend wirkte dabei ein verblüffend einfaches Spielelement: Ein Zähler registrierte die Gesamtzahl der von den Teilnehmenden verlorenen Pfunde und zeigte den Abstand zum Ziel: den Highscore von insgesamt 1 Million Pfund Gewichtsverlust. Über die Website konnten sich die registrierten Personen in Sportteams zusammenfinden und so gegenseitig anspornen. Außerdem erhielten sie Tipps zu Bewegung und Ernährung. Parallel investierte die Stadt dreistellige Millionen-Dollar-Beträge in neue Sporthallen, einen Stadtpark, Fußgängerbrücken sowie in Hunderte Kilometer Bürgersteige und Fahrradwege.

Fortan waren Gewichtsprobleme in Oklahoma City kein Tabuthema mehr – im Gegenteil: Schulen, Unternehmen und Kirchen griffen das Thema auf, Medien kommentierten die Entwicklung positiv und trugen dazu bei, dass die Stadt nach vier Jahren und drei Wochen ihr Ziel erreicht hatte. Von den rund 600.000 Einwohnerinnen und Einwohnern nahmen insgesamt 49.824 an der Aktion teil. Der Erfolg sprach sich herum: Über 100 andere Städte, Krankenhäuser und Organisationen aus der ganzen Welt baten in der Folge in der Metropole des Abspeckens um Rat. 2012 stand Oklahoma City wieder im Magazin „Men's Fitness": diesmal auf Platz 23 der Liste von Städten mit den fittesten Einwohnern.

Bildnachweis: demfoto / Fotolia

Kurzinfos

Aufwand: hoch | **Richtet sich an:** Einwohnerinnen und Einwohner von Oklahoma City, die abnehmen wollen | **Gibt es seit:** 2007

www.thiscityisgoingonadiet.com

Zamzee

Durch Zamzee sollen Kinder langfristig dazu motiviert werden, sich mehr zu bewegen.

Die Idee zu Zamzee entstand als Reaktion auf das Bekanntwerden einer erschreckenden Entwicklung: Ab dem 9. Lebensjahr bewegen sich Kinder in der Regel weniger als zuvor. In Folge von Bewegungsmangel ist bereits mehr als ein Drittel der Kinder und Jugendlichen in den USA übergewichtig oder fettleibig. Dieser Trend soll durch Zamzee gestoppt und umgekehrt

Bildnachweis: Robert Kneschke / Fotolia

werden. Denn: Die nachhaltige Verhaltensbeeinflussung hin zu mehr Bewegung führt erwiesenermaßen zu einer gesünderen Gesellschaft.

59 Prozent mehr körperliche Aktivität

Zamzee ist ein Aktivitätsmonitor, bei dem die Aktivitätsdaten der Nutzerinnen und Nutzer auf einer spielbasierten Internetseite von Zamzee hochladen werden. Ziel ist die Förderung der intrinsischen und extrinsischen Motivation zu mehr Bewegung, indem die Kinder u.a. Herausforderungen gestellt bekommen und Belohnungen erhalten, z.B. für Verbesserungen und Beharrlichkeit bei der Bewältigung von Aufgaben. Darüber hinaus wird das soziale Umfeld der Kinder durch Elemente wie das Bilden von Teams und Interaktion in die Aktivitäten einbezogen. Damit wird auch bei ihnen eine nachhaltige Verhaltensänderung unterstützt.

In einer Kontrollstudie, bei der per Zufallsprinzip die Aktivitätsdaten von 448 Kindern zwischen 11 und 14 Jahren für einen Zeitraum von sechs Monaten überprüft wurden, zeigte sich der Erfolg von Zamzee: Bei Kindern, die an der Gamification-Anwendung teilgenommen hatten, stieg die mäßige bis starke körperliche Aktivität um durchschnittlich 59 Prozent im Vergleich zur Kontrollgruppe. Darüber hinaus konnte festgestellt werden, dass sich nicht nur die Kinder mehr bewegten, sondern die ganze Familie. Im Jahr 2012 wurde Zamzee als beste Gamification-Anwendung im Bereich Gesundheit und Wellness ausgezeichnet.

Kurzinfos

Aufwand: mittel | **Richtet sich an:** Kinder und Jugendliche | **Gibt es seit:** 2010 | **Entwickler:** HopeLab, Übernahme von Zamzee durch Welltok, Inc. im Oktober 2015

www.zamzee.com | info.welltok.com/zamzee-gets-your-entire-family-moving

Kartenspiel zur Sexualaufklärung
Ein skatähnliches Spiel erleichtert die Sexualaufklärung für Jugendliche in Afrika.

Die Deutsche Stiftung Weltbevölkerung (DSW) verwirklicht in Ostafrika Projekte zur Verhütung von ungewollten Schwangerschaften sowie HIV und Aids. Sexualaufklärung ist dabei eine Schlüsselaktivität der DSW. Kernzielgruppe sind junge Menschen, ein Schwerpunktland ist Äthiopien. Die Stiftung fokussiert sich hier auf einen Peer-to-Peer-Ansatz (Youth2Youth) und arbeitet dabei mit von der DSW initiierten örtlichen Jugendgruppen zusam-

Bildnachweis: DSW

men. Ein wesentliches Hemmnis bei der Jugend-zu-Jugend-Sexualaufklärung war, dass das offene Gespräch über Sex in den Jugendgruppen auf traditionelle kulturelle Tabus traf, insbesondere bei Mädchen; die jungen Menschen wagten es schlicht nicht, bestimmte Worte im Zusammenhang mit Sex in den Mund zu nehmen. Das behinderte die Youth2Youth-Aufklärung in Form von Gruppengesprächen.

Spielend Tabus abbauen
Ende der 1990er-Jahre hat die DSW daraufhin gemeinsam mit einer äthiopischen Jugendgruppe ein Kartenspiel entwickelt, das ähnlich wie Skat funktioniert. Zu den Spielregeln gehört, dass das benannt werden muss, was auf der Spielkarte abgebildet ist, z.B. eine Zeichnung von einem Penis. Ohne solches Aussprechen des Ab-

Bildnachweis: DSW

gebildeten „sticht" die Karte nicht. Die Enttabuisierung des offenen Gesprächs über Sex mithilfe dieser Spielkarten wurde zunächst in Addis Abeba getestet. Dort erwies es sich als Eisbrecher für offene Kommunikation über Sex. Auch nach dem Spiel war es in der Pilotgruppe leichter, über Sex und Verhütung zu kommunizieren. Darum wurde nachfolgend anderen Jugendgruppenleitungen eine Anleitung zu den Spielregeln, zur eigenständigen Herstellung und zum Einsatz der Spielkarten zur Verfügung gestellt. Es entwickelte sich zu einem populären und im Ergebnis wirkreichen Freizeitangebot in zahlreichen Jugendclubs Äthiopiens und wurde nachfolgend von Jugendprogrammen in anderen afrikanischen Ländern kopiert.

Kurzinfos
Aufwand: gering | **Richtet sich an:** Jugendgruppen, die in Afrika Peer-to-Peer-Sexualaufklärung durchführen | **Gibt es seit:** September 1998 | **Auftraggeber:** Deutsche Stiftung Weltbevölkerung (DSW) | **Umsetzung:** Save Your Generation Association, Addis Abeba

Abbechern – Kampf den Pappbechern

Ein Berliner Radiosender nimmt den Kampf gegen Einwegbecher auf.

Allein in Berlin landen Tag für Tag fast eine halbe Million Einwegbecher im Müll. Mit einer einmonatigen Challenge hat der Radiosender Fritz (rbb) seine Hörerinnen und Hörer aufgefordert, Mehrwegbecher zu benutzen und so 1 Million Becher einzusparen. Wichtig war dem Projektteam, in dem Redakteure, Moderatoren, Reporter und Mitglieder der Teams Promotion und Social Media gemeinsam arbeiteten, einen spielerischen Ansatz zu finden. Statt eines moralischen Appells sollte der Spaß an einer gemeinsamen Aktion im Mittelpunkt stehen.

Jeder eingesparte Becher zählt

Für die Aktion „Abbechern – Kampf den Pappbechern" wurde die bestehende Fritz-App um den „Becher Button" erweitert, den Nutzerinnen und Nutzer bei jedem eingesparten Einwegbecher drückten. Als Dankeschön ertönte ein Jingle oder es erschien ein animiertes Gif. Die App zählte die individuell vermiedenen Becher ebenso wie die Gesamtmenge. Ein Quiz, das in Zusammenarbeit mit der Deutschen Umwelthilfe entstand, sorgte für die nötigen Hintergrundinformationen und zielte auf eine nachhaltige Verhaltensänderung. Laufend wurden Mehrwegbecher, die „Fritz Thermobecher", verlost und verteilt.

Strategische Planung

Die Aktion fand im Oktober 2017 statt und folgte einer genauen Dramaturgie. Zuerst wurde die Aktion erklärt, dann kamen Offline-Aktionen hinzu (wie ein „Pappbecherrazzi", der Firmen besuchte und auf Bestellung Fritz Thermobecher vorbeibrachte); im nächsten Schritt folgten journalistische Beiträge zum Thema „Müllvermeidung"; in der letzten Woche standen Berliner Projekte im Fokus, die etwa im Bereich „Mehrweg" aktiv sind. Der Sender bewarb die Aktion jede Stunde im Programm, zusätzlich wurden die Social-Media-Kanäle intensiv genutzt. Am Ende der vier Wochen stand der Zähler bei 700.000 Bechern. Nach einer Verlängerung von vier Tagen konnte die Million geknackt werden.

Bildnachweis: Momo Faltlhauser

Kurzinfos

Aufwand: hoch | **Richtet sich an:** Hörerinnen und Hörer des Senders Radio Fritz | **Gibt es seit:** Oktober 2017 | **Auftraggeber:** Radio Fritz

www.fritz.de
www.fritz.de/programm/aktuelle-themen/aktionen-und-events/d/2017/abbechern/abbechern-coffee-to-go-kaffee-pappbecher-einwegbecher-quiz.html

Tastyvist

Die App von Greenpeace hilft ganz individuell dabei, den Fleischkonsum zu reduzieren.

„Tastyvist" nennt sich die App, die Teil der Fleischkampagne von Greenpeace e.V. ist. Der Hintergrund: Der Fleischkonsum in Deutschland ist mit 60 Kilogramm pro Kopf im Jahr besonders hoch. Das schadet der Gesundheit, den Nutztieren und der Umwelt. Tastyvist unterstützt diejenigen, die weniger oder gar kein Fleisch mehr essen wollen.

Bewusster, gesünder, umweltschonender und fairer

Die App (iOS und Android) ist nach dem Trainer-Prinzip aufgebaut und geht individuell auf die Motivationen und Hürden der Nutzerinnen und Nutzer ein: Möchte ich etwas für meine Gesundheit, gegen den Klimawandel oder für den Tierschutz tun? Wann fällt es mir besonders schwer, auf Fleisch zu verzichten? Beim Einkauf, im Restaurant oder zu Besuch bei Freunden? Die Informationen fließen in einem persönlichen Profil zusammen. Jeder „Tastyvist" bestimmt individuell, wie viel weniger Fleisch er in welcher Zeit essen will. Den Weg dorthin ebnet die App mit Aufgaben, die man annehmen oder ablehnen kann, z.B. das Ausprobieren fleischloser Rezepte, das Aufbrechen der Einkaufsgewohnheiten oder das vegetarische Kochen mit Freunden. Bestandene Herausforderungen belohnt die App mit Punkten. Auf diese Weise erreichen Nutzerinnen und Nutzer höhere Levels, in denen die Aufgaben anspruchsvoller werden. Parallel bietet die App „Wissensbits" und weiterführende Informationen zum Thema „klimafreundliche Ernährung".

Das Konzept der App entwickelte Greenpeace gemeinsam mit dem Produktionsstudio Pop Rocket in einem „Design Sprint". Dazu nimmt man sich eine Woche Zeit, um an Zielen und Strategie zu arbeiten, entwirft Prototypen und testet diese unmittelbar. Auch nach dem Launch wird die App laufend weiterentwickelt.

Kurzinfos
Aufwand: hoch | **Richtet sich an:** junge urbane Menschen | **Gibt es seit:** Ende 2017 | **Auftraggeber:** Greenpeace e.V. | **Entwicklung:** Tahsin Avci, Pop Rocket
www.greenpeace.de/tastyvist

Bildnachweis: Greenpeace

TwoGo

Bei SAP verbessert eine smarte Mitfahrzentrale die CO_2-Bilanz und vernetzt Mitarbeitende.

2009 hatten die beiden SAP-Mitarbeiter Jens Lehmann und David Sommer aus Walldorf genug von eintönigen Autofahrten zur Arbeit, Staus und Parkplatzsuche. Die Idee der beiden Softwareentwickler: eine smarte Mitfahrlösung für Kollegen, die denselben Weg haben – mobil, in Echtzeit und eng vernetzt mit der bestehenden Unternehmensinfrastruktur. Sie tüftelten mehrere Monate, bis sie dem Chief

Bildnachweis: SAP SE

Sustainability Officer einen Prototyp von „TwoGo" vorstellen konnten. Dieser war schnell überzeugt und stellte beide für die Weiterentwicklung frei. 2011 fand die Implementierung im Stammsitz statt, ein Jahr später war die Anwendung Teil der Produktliste von SAP und auch global im Unternehmen eingeführt.

Anreize zum Mitmachen

Wer einen Mitfahrer mitnehmen oder das eigene Auto stehen lassen möchte, legt mit wenigen Klicks eine „Fahrt" mit Start- und Zielpunkt und der gewünschten Uhrzeit an. Das Matching erfolgt automatisiert über die Software. Das Verfahren führt immer wieder zu überraschenden Begegnungen – so erweitert sich mit jeder Fahrt das berufliche Netzwerk.

Ein Ranking präsentiert die aktivsten Nutzer, deren Profil die gemeinsam gefahrenen Kilometer anzeigt. Für jede eingestellte und angetretene Fahrt erwerben Nutzerinnen und Nutzer zudem Punkte. Als Incentivierung hat das Unternehmen Verlosungen durchgeführt, bei denen es z.B. ein Tablet oder eine Wageninnenreinigung zu gewinnen gab. Zeitweise spendete SAP für jeden gemeinsam gefahrenen Kilometer einen Geldbetrag für einen wohltätigen Zweck. Zufällig vermittelte Fahrten mit dem Topmanagement sind ein weiteres Highlight. Wichtigstes Anreizsystem sind jedoch die besonders günstig gelegen reservierten Parkplätze.

Seit der Einführung sparten Mitarbeiter bei SAP 3,3 Millionen Pkw-Kilometer und rund 500 Tonnen CO_2 ein. Auch 80 Kunden von SAP nutzen TwoGo inzwischen, darunter Konzerne, kirchliche Einrichtungen, Städte und Gemeinden. Für private Nutzer ist das Tool kostenlos.

Kurzinfos
Aufwand: gering | **Richtet sich an:** Unternehmen, öffentliche Einrichtungen, Einzelpersonen | **Gibt es seit:** 2011 | **Auftraggeber:** SAP SE | **Entwicklung:** Eigenentwicklung
www.twogo.com/de

Sea Hero Quest

Ein mobiles Spiel generiert Millionen Datensätze, die der Demenzforschung helfen.

Demenz schränkt das Erinnerungsvermögen ein und hat bei Betroffenen Desorientierung zur Folge. Rund 50 Millionen Menschen sind weltweit betroffen. Bislang ist keine Therapie bekannt, auch weil eine breite Datenbasis fehlte. Die Deutsche Telekom nahm dies zum Anlass, mit „Sea Hero Quest" ein Spiel zu entwickeln, das dringend notwendige Daten über das Navigationsverhalten und die räumliche Orientierung gesunder Menschen erhebt. Damit stellt das Unternehmen der Forschung wichtige Vergleichsdaten zur Verfügung.

3,7 Millionen Spielerinnen und Spieler aktivieren

„Sea Hero Quest" (kostenlos im App Store und bei Google Play) schickt Spielerinnen und Spieler auf eine Entdeckungsreise. Per Boot steuern sie durch verschiedene Landschaften. Dabei werden anonyme Daten über das Navigationsverhalten im dreidimensionalen Raum gesammelt. Auch müssen Nutzerinnen und Nutzer die Position ihres Startpunkts bestimmen und dorthin eine Leuchtrakete abfeuern. Ziel eines reinen Unterhaltungslevels ist es, Fantasiekreaturen zu jagen. Für erfüllte Aufgaben verdient man sich Sterne.

Bildnachweis: Deutsche Telekom AG

Durch die detaillierte Aufzeichnung des Spielverhaltens können 100.000 Spielende in zwei Minuten Spielzeit anonyme Daten generieren, für deren Erhebung die Forschung sonst 50 Jahre benötigt hätte. Insgesamt haben inzwischen 3,7 Millionen Spielerinnen und Spieler das mobile Game genutzt. So entstand die bislang größte Crowd-Sourced-Datenbank über das Orientierungsverhalten von gesunden Menschen. Inzwischen liegt „Sea Hero Quest VR" vor. Es wurde für die Virtual-Reality-Brillen „Samsung Gear" sowie „Google Daydream" entwickelt und bietet die Möglichkeit, sehr viel präzisere Spieldaten zu ermitteln.

Die Deutsche Telekom hat das Projekt in enger Zusammenarbeit u.a. mit Alzheimer's Research, dem University College London, der Universität von East Anglia, dem Spieleentwickler Glitchers und der Kreativagentur Saatchi & Saatchi entwickelt.

Kurzinfos
Aufwand: hoch | Richtet sich an: alle Menschen, die nicht an Demenz erkrankt sind | Gibt es seit: 2016 | Auftraggeber/Entwickler: Deutsche Telekom AG
www.seaheroquest.com

Foldit

Das interaktive Online-3-D-Puzzle zum Falten von Proteinen hilft beim Kampf gegen Krankheiten.

Proteine sind die Bausteine des Lebens. Dass sie an den unterschiedlichsten Stellen im Körper funktionieren, dafür sorgt eine korrekte Faltung. Ist ein Protein „fehlgefaltet", kann es Krankheiten wie Krebs oder Alzheimer auslösen. Daher interessiert sich die Forschung enorm für die Identifizierung der „Problemproteine". Doch die Enträtselung der Proteinstruktur ist eine Herausforderung, an der auch Großrechner wegen der unzähligen Möglichkeiten scheitern. Zudem sind Computer (noch) nicht sehr gut, was räumliche Vorstellungskraft angeht – und die ist bei der Faltung wichtig. Genau diese technischen Probleme hilft das Online-Spiel Foldit mit menschlicher Leistung zu verbessern. Entwickelt hat es der Biochemiker David Baker von der University of Washington zusammen mit Computerexperten.

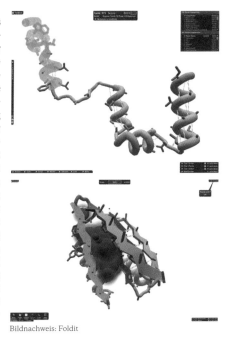

Bildnachweis: Foldit

Schwarmintelligenz im Kampf gegen HIV

Seit 2008 puzzelt nun eine weltweite Community an der Faltung von Proteinen und steuert neben Zeit, Geduld und menschlicher Vorstellungskraft auch eine enorme Rechnerleistung bei. Die generierte „Schwarmintelligenz" hat es z.B. geschafft, die Struktur eines HIV-ähnlichen Virus bei Affen zu entschlüsseln. Dieses Wissen soll nun dazu beitragen, ein Aids-Medikament zu entwickeln. Das Spiel ist als 3-D-Puzzle aufgebaut. In einer Einführung – für Nicht-Wissenschaftler verständlich gestaltet – lernen die Spielerinnen und Spieler, worauf es ankommt. Danach bekommen sie die echten Proteine und können knobeln, verbessern, ausprobieren, sich mit anderen Foldit-Spielern messen und Punkte sammeln. Das Beste aber sei, so sagen viele der Spielenden, dass man, auch wenn man die ganze Nacht durchzockt, das gute Gefühl hat, der Wissenschaft geholfen zu haben.

Kurzinfos

Aufwand: hoch | **Richtet sich an:** Spielerinnen und Spieler mit Dranbleibe-Mentalität | **Gibt es seit:** 2008 (Beta-Version) | **Betriebssystem:** Windows, OSX, Linux | **Entwickler:** Howard Hughes Medical Institutes (HHMI), University of Washington www.fold.it

Ghosts of a Chance
Mit dem Alternate Reality Game werden neue Wege der Besucherteilhabe beschritten.

„Ghosts of a Chance" wurde 2008 vom Smithsonian American Art Museum (SAAM) veranstaltet und war das weltweit erste von einem Museum durchgeführte Alternate Reality Game. Die Umsetzung erfolgte sowohl online als auch analog im Luce Foundation Center, dem Kunstdepot des Smithsonian American Art Museum.

Museumsgeister inspirieren zum Kreativwerden
Dem Vermittlungskonzept des Luce Foundation Center zufolge hat jedes Ausstellungsstück eine einzigartige Geschichte, die nur den Geistern bekannt ist, die sich im Luce Foundation Center herumtreiben. Daraus entstand die Idee zu „Ghosts of a Chance". Über einen Zeitraum von anderthalb Monaten verbreiteten die beiden Spielcharaktere und Gastkuratoren Daisy Fortunis und Daniel Libbe einmal pro Woche über Blogs und Facebook Geschichten, die ihnen die Geister zugeflüstert hatten. Die Aufgabe der Spielerinnen und Spieler bestand darin, im Dienste der Geister und auf Basis der erzählten Geschichten passende Artefakte zu kreieren. In Online-Foren konnten sie sich über die erhaltenen Informationen austauschen und gegenseitig inspirieren. Die fertiggestellten Ausstellungsstücke sollten sie anschließend an das Museum schicken. Dort wurden die Artefakte katalogisiert, online für jeden sichtbar präsentiert und schließlich in einer interaktiven Ausstellung gezeigt, bei der die Besucherinnen und Besucher verschiedene Quests lösen mussten. Mit dem Projekt wollte das SAAM auf sich aufmerksam machen, ein neues Publikum erreichen und den Teilnehmenden die Sammlung des Luce Foundation Centers nahebringen. Insgesamt beteiligten sich über 6.000 Spielerinnen und Spieler online, 244 kamen zudem zur Ausstellung vor Ort. Angesichts des Erfolgs entschieden sich das SAAM und der Entwickler CityMystery zur Durchführung eines weiteren Alternate Reality Games im Jahr 2010.

Kurzinfos
Aufwand: mittel | **Richtet sich an:** gegenwärtige und (potenzielle) neue Museumsbesucherinnen und -besucher jeden Alters | **Gibt es seit:** 2008 | **Entwickler:** Smithsonian American Art Museum und CityMystery LLC (Spieleentwickler aus San Francisco)

americanart.si.edu/blog/eye-level/2008/13/1061/ghosts-chance-end-now

game(+ultra)

Das Spiel game(+ultra) ermöglichte Museumbesucherinnen und -besuchern eine aktive Ausstellungserfahrung.

Das Spiel game(+ultra) wurde für die Ausstellung „+ultra gestaltung schafft wissen" konzipiert, die vom 30. September 2016 bis zum 8. Januar 2017 im Berliner Martin-Gropius-Bau stattfand. Angeleitet über das Smartphone schlüpften die Besucherinnen und Besucher dabei selbst in die Rolle von Forschenden und konnten auf dem Weg durch die Ausstellung spannende Missionen erfüllen, die immer im Zusammenhang mit einem Ausstellungsstück standen. Die Lösungen waren allesamt in den Objekten der Ausstellung zu finden - es galt sie nur aufzuspüren. Virtuell begleitet wurden die Spielenden von bekannten Persönlichkeiten aus Wissenschaft und Gestaltung. Wer die richtigen Objekte gefunden hatte, erhielt zusätzliches Wissen und lernte die berühmte Person an seiner Seite kennen.

Vom passiven Rezipienten zum aktiven Ausstellungsbesucher

Durch das Spiel wurde die intensive Auseinandersetzung mit den Ausstellungsinhalten und Exponaten gefördert und zugleich der Prozess von Wissenserzeugung erfahrbar gemacht. Ziel war es, die Besucherinnen und Besucher aus der passiven Rezipientenhaltung hervorzulocken und aktiv für Wissenschaft und Kunst zu begeistern. Darüber hinaus sollte der Gamification-Zugang den Ausstellungsbesuch gerade für die jüngere Generation reizvoller machen.

Um die Wirkung dieses neuen Ansatzes der Kulturvermittlung zu messen, wurden die Bewegungen der Ausstellungsbesucher während des Rundgangs registriert; darüber hinaus gab es im Anschluss an das Spiel eine Online-Befragung der Spielerinnen und Spieler. Insgesamt nahmen 5.000 Besucherinnen und Besucher das Angebot wahr. 92 Prozent der Befragten gaben an, dass sie weitere solcher Angebote nutzen würden.

Bildnachweis: Thomas Lilge / gamelab.berlin

Kurzinfos

Aufwand: mittel | **Richtet sich an:** Ausstellungsbesucherinnen und -besucher | **Laufzeit:** 30. September 2016 bis 8. Januar 2017 | **Entwickler:** Thomas Lilge und Frauke Stuhl (gamelab.berlin) sowie Peter Lee (NOLGONG, Seoul)

www.interdisciplinary-laboratory.hu-berlin.de/de/content/gameultra-spielend-wissen-schaffen/
www.gamelab.berlin/de/home | raumlabor.net/ultra

Quizzen für das Recht auf Nahrung

Das Quiz der Deutschen Welthungerhilfe liefert viele Informationen zum „Recht auf Nahrung" und gute Gründe, sich für das Thema zu engagieren.

Jedes Jahr findet die deutschlandweite Kampagne „Woche der Welthungerhilfe" statt. 2015 ging als besondere Aktion „Quizzen für das Recht auf Nahrung" online. Ziel des Ratespiels war es, nicht nur Wissen zum Thema zu vermitteln. Die Spielerinnen und Spieler sollten selbst aktiv werden und sich engagieren. Konzipiert wurde das Online-Spiel speziell für eine junge Zielgruppe in Zusammenarbeit mit der Berliner Kommunikationsagentur Wigwam.

Vor dem Start des eigentlichen Quiz erstellt der Spieler eine Figur (einen Avatar), dessen Aussehen, Herkunft und Charaktereigenschaften er definieren kann. Im Anschluss gilt es, fünf Level zu durchlaufen. Mit jeder richtig beantworteten Frage erhält die Spielerin oder der Spieler einen Stern. Die Fragen drehen sich darum, wie die Ernährungssituation derzeit weltweit aussieht, das Quiz informiert aber auch über die Arbeit der Welthungerhilfe und die Möglichkeiten, sich dort zu engagieren. Am Ende wird das Bild der Spielfigur mit der erreichten Punktezahl in einer Galerie gezeigt. Gleichzeitig ist jeder aufgefordert, seinen Erfolg auf Social-Media-Plattformen zu teilen. Zusätzlich erhalten Spielerinnen und Spieler eine E-Mail mit Angeboten, wie man die Welthungerhilfe ganz konkret unterstützen kann.

Viele Learnings

Das Quiz erntete viel positives Feedback, verbreitete sich aber nicht viral, sondern vorwiegend über Kommunikationskanäle wie das Mitgliedermagazin oder Bannerwerbung. Mindestens zwei Lerneffekte standen am Ende des Projekts: Ohne „Mobil first", also die Optimierung für mobile Endgeräte, geht es heute nicht mehr – die meisten Nutzerinnen und Nutzer spielen auf dem Smartphone oder Tablet. Darüber hinaus müssen Anwendungen sehr niedrigschwellig gestaltet sein. Das Abfragen der E-Mail-Adresse bereits nach dem ersten Level sorgte beim Quiz für eine hohe Absprungrate.

Bildnachweis: Deutsche Welthungerhilfe

Kurzinfos

Aufwand: hoch | Richtet sich an: alle Menschen | Gibt es seit: 2015 | Auftraggeber: Deutsche Welthungerhilfe | Entwickler: Wigwam | Kosten extern: fünfstellig
www.welthungerhilfe.de/quiz.html#/avatar

0,7 – fertig – los!

Ein einfaches Online-Spiel motiviert dazu, eine Kampagne zugunsten höherer Ausgaben für die Entwicklungszusammenarbeit zu unterstützen.

Seit 1970 verspricht Deutschland, 0,7 Prozent seines Bruttonationaleinkommens (BNE) für Entwicklungszusammenarbeit auszugeben. 46 Jahre später, im Jahr 2016, wurde dieses Ziel offiziell erstmals erreicht – jedoch nur, weil die Kosten für Geflüchtete im Inland angerechnet wurden.

Zur Bundestagswahl 2017 hat die Deutsche Stiftung Weltbevölkerung (DSW) die Kampagne „0,7 – fertig – los: Globale Entwicklung braucht Teamgeist" initiiert, mit der sie dem politischen Ziel von echten Entwicklungsausgaben in Höhe von 0,7 Prozent des BNE Schubkraft verleihen will. Gemeinsam mit zehn Partnerorganisationen (Aktionsbündnis gegen AIDS, Friends of the Global Fund, Kindernothilfe, ONE, Oxfam Deutschland, Plan International Deutschland, Save the Children, SOS-Kinderdörfer weltweit, Terre des Femmes und World Vision) macht sich die DSW dafür stark, dass die Koalitionspartner der neuen Bundesregierung die 0,7 Prozent Entwicklungsausgaben im Koalitionsvertrag festschreiben – ohne Einrechnung der Ausgaben für Geflüchtete im Inland.

Bildnachweis: Screenshot nullkommasieben.de

Damit den Worten Taten folgen

Auf der Internetseite www.nullkommasieben.de kann jeder das Ziel spielerisch unterstützen und die zukünftige Bundesregierung anfeuern. Die Spielerinnen und Spieler schlüpfen dafür in die Rolle von animierten Spitzenpolitikern im 0,7-Fußballtrikot. Dann gilt es, für Angela Merkel, Martin Schulz, Cem Özdemir, Sahra Wagenknecht, Christian Lindner und andere aus dem „Team Deutschland" Bälle, die von oben fallen, zu köpfen und möglichst lange in der Luft zu halten. Die Punkte werden gezählt, das Ergebnis kann via Twitter und Facebook geteilt werden. In einem „Sammelalbum" kann man nachlesen, wie sich Politikerinnen und Politiker zum 0,7-Prozent-Ziel geäußert haben, und sie per E-Mail auffordern, ihren Worten Taten folgen zu lassen.

Kurzinfos

Aufwand: mittel | **Richtet sich an:** Unterstützer des Anliegens | **Gibt es seit:** September 2017 | **Auftraggeber:** Deutsche Stiftung Weltbevölkerung (DSW) | **Entwickler:** slim interactive GmbH

www.nullkommasieben.de | www.dsw.org

Taler-Törn

Das Jump-and-Run-Spiel vermittelt, wie wichtig Spenden für die Seenotretter sind.

„Die Seenotretter" ist die Kurzbezeichnung für die Deutsche Gesellschaft zur Rettung Schiffbrüchiger (DGzRS). 2.000-mal rücken die Seenotrettungskreuzer jedes Jahr aus, um Menschen in Not auf Nord- und Ostsee zu helfen. 60 Rettungseinheiten mit rund 1.000 meist ehrenamtlichen Seenotretterinnen und -rettern stehen dafür zur Verfügung. Ungewöhnlich bei einer solchen Großorganisation: Sie finanziert sich ausschließlich durch freiwillige Zuwendungen und verzichtet auf staatliche Unterstützung. Fundraising ist daher eine zentrale Aufgabe. Die DGzRS beschreitet dabei immer wieder neue Wege – wie mit der kostenlosen App „Taler-Törn". Sie ist für iOS und Android und als Browser-Game verfügbar.

Mission „Spendenschiffchen"

Ziel des simplen Videospiels ist es, unterstützt von Walen und Seehunden eine Münze von Insel zu Insel sicher ins Sammelschiffchen der Seenotretter zu navigieren. Der Spieler sammelt dabei Punkte. Mit diesen kann er an den regelmäßigen Wettbewerben um den Highscore teilnehmen. Der Nutzername des besten Spielers erscheint dann als Name des Seenotrettungskreuzers, der auf der Startseite der App zu sehen ist. Zudem winkte bei einem monatlichen Gewinnspiel unter den Spielerinnen und Spielern ein Überraschungspaket der Seenotretter und einmal im Jahr sogar die Mitfahrt auf einem Seenotrettungskreuzer bei einer Kontrollfahrt. Auch gibt es innerhalb der App die Möglichkeit, für die Seenotretter zu spenden und mehr über deren Arbeit zu erfahren.

Mit dem Taler-Törn hat die DGzRS mehrere Tausend Nutzer erreicht und dabei spielerisch darauf hingewiesen, dass die Arbeit der Seenotretter rein spendenfinanziert ist und weitere Freunde und Förderer braucht.

Bildnachweis: DGzRS – Die Seenotretter

Kurzinfos

Aufwand: gering | **Richtet sich an:** die breite Öffentlichkeit bzw. alle (potenziellen) Spenderinnen und Spender | **Gibt es seit:** 2013 | **Auftraggeber:** Deutsche Gesellschaft zur Rettung Schiffbrüchiger (DGzRS) | **Entwickler:** ATO interactive GmbH, Bremen

www.seenotretter.de/luettje-seenotretter/taler-toern/

Fundraising

Don-Ay

Für den Tierschutz: Nutzer der App generieren spielend Spenden.

Viele Tiere leben unter schlechten Bedingungen oder sind vom Aussterben bedroht. Drei italienische Entwickler haben dies zum Anlass genommen, mit der App Don-Ay ein Spiel zu entwickeln, das es besonders unterhaltsam und einfach macht, für den Tierschutz zu spenden.

Die Game-Designer Ivan Paris, Roberto Ressi und Diego Ricchiuti entwickelten gemeinsam die Idee für die App. Ein Jahr lang recherchierten sie in ihrer Freizeit, sammelten Daten, testeten, entwarfen Prototypen und gründeten das Studio Affinity. Inzwischen liegt eine Alpha-Version (italienisch und englisch) vor. Eine große US-amerikanische Non-Profit-Organisation will die App demnächst einsetzen.

Bildnachweis: Affinity Project S.R.L.

Spielend spenden

Die App (iOS und Android) kombiniert zwei Gaming-Ansätze: Tamagotchi und Endless Run. Tamagotchi ist ein Elektronikspielzeug aus den 1990er-Jahren. Spielerinnen und Spieler mussten sich um ein virtuelles Küken wie um ein echtes Haustier kümmern. In der App Don-Ay entscheiden sich die Spielenden zuerst für ein digitales Haustier, das sie füttern und pflegen müssen, bis es fit für den Lauf ist. Ziel ist es, so viele Münzen wie möglich zu sammeln. Spenden entstehen, indem Spielende In-Game-Käufe tätigen, also mit realem Geld zusätzlich Spielwährung erwerben und damit dem Haustier etwa Kostüme kaufen. Außerdem entstehen Spenden durch Werbeinblendungen, die nach jedem Lauf gezeigt werden.

Die Spendenorganisation, die die App einsetzt, informiert die Nutzerinnen und Nutzer monatlich über eine Nachrichtenfunktion, wie viele Spenden generiert wurden und wie dadurch Tieren geholfen wurde. Dieses Feedback kann via Social Media geteilt werden und helfen, die Spieler-Community zu erweitern. Spielerinnen und Spieler können auch gegeneinander antreten und sich in einem Ranking platzieren. Da die drei Initiatoren gemeinnützigen Organisationen die App kostenlos zur Verfügung stellen, suchen sie nach Partnern und Förderern.

Kurzinfos

Aufwand: hoch | **Richtet sich an:** alle Menschen | **Gibt es seit:** 2018 | **Entwickler:** Affinity

www.don-ay.com/en/

m.Paani

Kundinnen und Kunden von Telefonanbietern sammeln Punkte, über die im ländlichen Raum Indiens die kommunale Sanitär- und Wasserversorgung finanziert wird.

Bildnachweis: ThomBal / Fotolia

Viele Menschen in Indien arbeiten sehr hart, profitieren aber kaum selbst davon. Akanksha Hazari, CEO und Gründerin von m.Paani in Mumbai, lebte und arbeitete selbst ein Jahr im ländlichen Raum in Indien. In dieser Zeit fiel ihr ein drastischer Widerspruch auf: Zwar verfügt ein Großteil der Menschen über ein Mobiltelefon, es bestehen aber gravierende Defizite in der Grundversorgung wie Zugang zu sauberem Wasser und Sanitäranlagen. Vor diesem Hintergrund entstand die Idee zu m.Paani. Menschen, die in ihrem Alltag von einer mangelhaften sanitären Grundversorgung betroffen sind, wird dadurch die Möglichkeit eröffnet, die Wasser-Infrastruktur in ihrer Kommune zu verbessern.

Telefonieren für sauberes Wasser

Das funktioniert so: Kommunale Selbsthilfeorganisationen nehmen zunächst einen Kredit auf, um den Bau von Sanitäranlagen und Wasserzugang vor Ort zu finanzieren. In einem zweiten Schritt nutzt m.Paani die gegenwärtige Situation, dass Telefonanbieter verstärkt um ihre Kundschaft kämpfen müssen und ermöglicht den an das Programm angeschlossenen Unternehmen,

Bildnachweis: Rawpixel.com / Fotolia

Kundinnen und Kunden durch die Teilnahme an einem Loyalitätsprogramm zu binden: Jedes Mal, wenn die Kunden ihr Handyguthaben aufladen, erhalten sie für ihre Kommune sogenannte „water points", die einem bestimmten Geldbetrag entsprechen. Dieses Geld wird in einem Fonds gesammelt, der lokal von der jeweiligen Kommune gemanagt wird. Aus dem Topf kann nicht nur der Kredit für vorgenommene Infrastrukturmaßnahmen abbezahlt, sondern auch deren Erhalt finanziert werden. Kundinnen und Kunden zahlen Wasserrechnungen zudem über ihr Handy, bekommen dafür Rabatt beim Telefonanbieter und halten diesem so meist die Treue. m.Paani nutzt die zusätzlich gewonnenen Daten, um den Kooperationspartnern in Echtzeit Informationen über das Kundenverhalten bereitzustellen.

Kurzinfos

Aufwand: hoch | **Richtet sich an:** kommunale Selbsthilfeorganisationen, Mobilfunkunternehmen und -kunden | **Gibt es seit:** 2014

www.mpaani.com

WeSpire

WeSpire ist eine Plattform für Unternehmen, die Corporate Social Responsibility-
und Freiwilligenmaßnahmen gamifiziert managen wollen.

Das Unternehmen WeSpire wurde 2010 von Susan Hunt Stevens gegründet. Seit
2012 fungiert WeSpire als Plattform für das Engagement von Mitarbeiterinnen und
Mitarbeitern in Unternehmen. Sie hat zum Ziel, das Verhalten von Arbeitnehmerin-
nen und Arbeitnehmern durch den Einsatz innovativer Technologie zu beeinflussen.
Die Programme zur Mitarbeitermotivation, in die Spielmechaniken eingebaut sind,
fokussieren sich auf die Themen Nach-
haltigkeit, Corporate Social Responsibi-
lity, ganzheitliches Wohlbefinden und
positive Unternehmenskultur.

Das Verhalten positiv beeinflussen

Das Unternehmen unterstützt seine
Kunden bei der Durchführung interner Kampagnen und Programme bis
hin zum betrieblichen Gesundheitsma-
nagement. Die Angebote der Gamifi-
cation-Plattform zielen darauf ab, die
Lücke zu schließen, die zwischen den
positiven Absichten von Menschen und
ihrem tatsächlichen Handeln klafft:
Viele Menschen wollen positiv wirken,
gesünder leben und sich mehr für die
Gemeinschaft engagieren. Über eine
App bekommen sie Stupser (englisch:
nudges, vgl. S. 21f.), die sie zum Handeln motivieren. Die Mitarbeitenden
eines Unternehmens erhalten beispielsweise im Rahmen ihrer Teilnahme an
einem Programm für ihren Einsatz
Punkte. Ihre Leistung können sie mit

Bildnachweis: Screenshots Team WeSpire.com

anderen innerhalb des Teams sowie auf Unternehmensebene mittels Rankinglisten
und Leaderboards vergleichen. So werden auch die Ziele und Erfolge sichtbar, die
gemeinsam erreicht wurden.

Die Entwicklung der ersten Version der Plattform dauerte neun Monate und kostete rund 100.000 US-Dollar. In den darauffolgenden acht Jahren investierte WeSpire über 6 Millionen US-Dollar in die Produktentwicklung. WeSpire gilt als eines der
weltweiten Pionierunternehmen im Bereich der positiven Verhaltensänderung und
hat mittlerweile zahlreiche Auszeichnungen erhalten.

Kurzinfos

Aufwand: hoch | Richtet sich an: Unternehmen und deren Mitarbeitende | Gibt
es seit: 2010/2012 | Entwickler: WeSpire, mit Beratung vom Stanford Persuasive
Technology Lab

www.wespire.com

Anhang:
Weiterführende Informationen

Die Gamification-Blaupause[1]: Planungsschritte auf dem Weg zu einer Gamification-Lösung

Die nachfolgend skizzierten Schritte zeigen, wie ein Gamification-Plan strukturiert werden könnte. Dabei gehen wir davon aus, dass es nicht um einen „Quick Fix" geht, der nur eine Strohfeuerwirkung erzielen kann, sondern dass das Potenzial von Gamification durch Zugrundelegung einer langfristigen Perspektive ausgeschöpft werden soll.

Für die Planung und Implementierung kleinerer Gamifizierungen (z.B. die Gamifizierung einer einzelnen Veranstaltung) dürfte diese Blaupause zu umfangreich sein. In solchen Fällen reicht es, sich mit den ersten sechs Schritten zumindest kurz zu befassen und eine konzeptionelle Entscheidung zu jedem dieser Schritte zu treffen.

Schritt 1: Klären Sie: Was ist der Zweck/das Ziel Ihrer Gamification-Lösung?

◇ Warum wollen Sie Gamification in Betracht ziehen?

◇ Welches Problem soll damit gelöst werden?

◇ Was wollen Sie als Endergebnis? Malen Sie die Erfahrung aus, die Sie am Ende Ihrer erfolgreichen Gamification-Lösung haben wollen: Wie sieht das Ergebnis aus, wie fühlen/sehen/bemerken Sie es?

◇ Welche Indikatoren versuchen Sie letztlich zu beeinflussen? Ist es Verhalten? Ist es ein finanzielles Ziel? Ist es Information oder ein sonstiger Bildungserfolg?

◇ Was sind dafür die Indikatoren?

Ein Bild der Zukunft mit messbaren Indikatoren ist ein ausgezeichneter Ausgangspunkt – aber auch nicht mehr. Denn wenn Gamification effektiv wirkt, dann ist das der Beginn eines längerfristigen Prozesses, der sich immer stärker ausweiten kann – mehr als zu Beginn avisiert und mit Entwicklungen, die sich nur begrenzt vorhersehen lassen.

---

[1]   Nach An Coppens, Gamification Nation Ltd.; www.gamificationnation.com

Schritt 2: Legen Sie fest: Wer sind Ihre Zielgruppen („Spieler")?

Das können z.b. Ihre Kunden oder Spender sein, es können Ihre Mitarbeiter sein, es können Menschen in der breiten Öffentlichkeit sein oder es kann eine Gemeinschaft in einem sozialen Netzwerk sein, auf das Sie Einfluss gewinnen wollen.

Beschreiben Sie die typischen Vertreter Ihrer Zielgruppe.

◇ Welcher Altersgruppe gehören sie an?

◇ Sind sie nur oder überwiegend männlich oder weiblich? Was tun sie in ihrer Freizeit?

◇ Wie und in welchen Welten kommunizieren sie?

◇ Was machen sie derzeit schon? Wo halten sie sich auf? Was machen sie nur zum Spaß? Welche Spiele spielen sie?

◇ Was sind ihre größten Ziele und Träume?

◇ Was sind Dinge, die sie interessieren oder erreichen wollen?

◇ Was mögen sie nicht oder hassen sie sogar?

◇ Wovor haben sie Angst? Was fürchten sie am meisten?

Sehen Sie sich das Verhalten, die Einstellungen, Aktivitäten, Bedürfnisse, Ängste, Träume, Vorstellungen und Kommunikationswelten Ihrer Zielgruppe genau an. Bilden Sie ggf. Untergruppen, wenn die Zielgruppe unterschiedlich zusammengesetzt ist.

Wenn Sie wissen, welche Aktivitäten die Personen in Ihrer Zielgruppe mögen, insbesondere welchen freiwilligen Aktivitäten - wie Spiele - sie ohnehin nachgehen oder was sie gerne machen würden, können Sie mit Ihrer Gamification-Lösung daran anknüpfen.

Entscheidend ist es, herauszufinden, wie Ihre Zielgruppe „drauf" ist, d.h. was für Bedürfnisse und - mit Bedürfnissen zusammenhängend - was für Ängste und Mangelgefühle sie hat.

Wenn Sie wenig über Ihre Zielgruppe wissen, dann lohnt es sich, in die Erforschung zu investieren. Seien Sie insofern selbstkritisch! Wissen Sie z.B. wirklich, wie es den Jugendlichen aus bildungsfernen Schichten in Brandenburg geht? Oder glauben Sie es nur zu wissen? Eine bewährte Low-Budget-Lösung, um mehr über die Zielgruppe zu erfahren, ist eine Befragung, die z.B. von Studierenden als Studienleistung unter Ägide einer Professorin oder eines Professors durchgeführt wird.

Schritt 3: Legen Sie fest: Welche von Ihnen avisierten Effekte der Gamification-Lösung (z.B. Information, Verhaltensänderung) lassen sich mit welchen vorhandenen Bedürfnissen Ihrer Zielgruppe verbinden?

In der Regel geht es beim Engagement für das Gemeinwohl um Motivation und Verhaltensbeeinflussung. Das gilt auch dann, wenn es sich um eine Gemeinwohlintervention für bessere Bildung (z.B. in MINT-Fächern) handelt; denn auch dann soll zunächst das Interesse gesteigert und zu motivierterer (und damit effektiverer) Auseinandersetzung mit den Bildungsinhalten beigetragen werden – mithin zu Motivation und anderem Verhalten. Die Fragen in Schritt 3 sind darum:

◇ Was wollen Sie letztlich im Verhalten der Zielgruppe zugunsten Ihres in Schritt 1 festgelegten Ziels erreichen? D.h.: Was soll im Verhalten Ihrer Zielgruppe mehr, weniger oder anders sein, damit Ihr in Schritt 1 definiertes Oberziel erreicht wird?

◇ Welche von Ihrer Zielgruppe geschätzten Aktivitäten und Verhaltensweisen und welche Bedürfnisse, Ängste und/oder Mangelgefühle (Ergebnis von Schritt 2) sind potenzielle Brücken zu dem von Ihnen erwünschten Verhalten? Welches Erlebnis und/oder welche Aktivitäten, die auf Ihr Motivations-/Verhaltensveränderungsziel einzahlen können, befriedigen Bedürfnisse Ihrer Zielgruppe?

Beispiel: Wenn sich Ihre Zielgruppe für Fußball interessiert und gern näher herankommen würde an die Welt ihrer Fußballstars, während Sie zum Ziel haben, dass Ihre Zielgruppe sich abgeneigter gegen Beeinflussungsversuche von Extremisten verhält, dann kann es sinnvoll sein, politische Bildung mit zielgruppenbedürfnisgerechten Besuchen und Aktivitäten im Fußballstadion zu verbinden.[2]

Schritt 4: Definieren Sie die „Reise" der Zielgruppe im Rahmen der Gamification-Lösung hin zum von Ihnen erwünschten Ziel.

Jeder Beeinflussungsprozess ist mit einer Reise vergleichbar – und die muss mit einer Bereitschaft zum Mitreisen und mit „Meet and Greet" beginnen. Zunächst gilt es also, die Zielgruppe überhaupt kommunikativ

---

2   So macht es mit Erfolg das Stiftungsprojekt „Lernort Stadion", siehe www.bosch-stiftung.de/content/language1/html/28056.asp

zu erreichen und „abzuholen". Dabei ist wichtig, dass bereits dieser erste Schritt Bedürfnisse Ihrer Zielgruppe befriedigt oder zumindest Aussicht auf entsprechende Bedürfnisbefriedigung verspricht.

Das freiwillige Sich-Einlassen Ihrer Zielgruppe auf einen ersten Schritt der „Reise" ist auch eine Frage des Vertrauens. Es sollte für die Zielgruppe bekanntes Terrain sein oder ein bekanntes, aus der Sicht der Zielgruppe vertrauenswürdiges Gesicht, das einlädt. Das Losmarschieren sollte ganz leicht sein. Wenn ein erstes „Mitreisen" der Zielgruppe erreicht ist, können danach die Herausforderungen sukzessive gesteigert werden; dabei sollten Sie den Teilnehmerinnen und Teilnehmern jeweils für den nächsten Abschnitt der Reise Orientierung geben, z.B. durch Zwischenziele und Regeln. Die Fragen zur Konzeption der Reise sind also:

◇ Wo und wie beginnt die Reise und welche Bedürfnisse der Zielgruppe befriedigt der Start?

◇ Was bildet die Vertrauensbasis für das sich Einlassen Ihrer Zielgruppe auf den Beginn der Reise?

◇ Auf welchem zielgruppengerechten Kanal kommunizieren Sie die Einladung?

◇ Wo und wie verläuft die Reise nach dem Start?

◇ Welche Plateaus sollen wann und womit erreicht werden?

◇ Wie steigern sich welche Herausforderungen? Welche Hindernisse gilt es im Laufe der Reise zu überwinden?

◇ Wie vermeiden Sie dabei die Überforderung Ihrer Zielgruppe in dem jeweiligen Abschnitt? Ist es möglicherweise wegen der Unterschiedlichkeit der Persönlichkeiten in Ihrer Zielgruppe sinnvoll oder erforderlich, alternative Reiseverläufe anzubieten?

◇ Was braucht Ihre Zielgruppe, um die Reise zu meistern? Insbesondere welche Fähigkeiten sind notwendig, um erfolgreich zu sein? Welche davon sind bei der Zielgruppe bereits vorhanden, welche gilt es, im Verlauf der Reise zu vermitteln und zu stärken?

◇ Was sind die Spielregeln bzw. Spielelemente und/oder -mechaniken für die gamifizierte Reise?

◇ Welche Spielelemente oder Spieldynamiken, die Ihnen zur Verfügung stehen, haben die größten Auswirkungen auf das Verhalten, das

Sie erreichen möchten, und sollten daher von Ihnen prioritär ausgewählt und implementiert werden?

◊ Was ist für Ihre Zielgruppe im Hinblick auf deren Bedürfnisbefriedigung „drin", wenn sie sich auf die Reise begibt? Was sind – aus Sicht Ihrer Zielgruppe! – die Vorteile dabei, mitzumachen? Diese Vorteile sollten zu Beginn der Reise – in der Regel nach dem Start – bereits kommuniziert werden (zumindest grob).

Schritt 5: Gestalten Sie den Vergnüglichkeitsfaktor!

Spiele „funktionieren" u.a., weil wir mehrere Chancen haben, unmittelbares Feedback bekommen und unsere Fähigkeiten im Spielverlauf anhand von Herausforderungen wachsen können. Zum Vergnüglichen des Spiels gehören aber auch ein gewisses Maß an Zufall und Überraschung, Glücksfälle und angenehme Begleiterfahrungen. Im Hinblick auf Gamification gilt ein ähnliches Konzept. Sie sollten sich also überlegen:

◊ Was für zufällige Ereignisse können Sie in Ihre Gamification-Lösung einbauen? Womit überraschen Sie Ihre Zielgruppe? Insbesondere welche Glücksfälle wollen Sie wo mit welcher Mechanik einbauen?

◊ Was für sonstiges Vergnügen bieten Sie als Ergänzung?

◊ Mit welchen Features (Spielergänzungselementen) wird die Reise witzig, lustig, „cool" o.Ä. gestaltet?

Bedenken Sie dabei: Es ist nicht unbedingt Hightech erforderlich, um Vergnügen zu erzeugen. Einfache Lösungen, die mit Esprit und Witz gestaltet sind, führen häufig ebenso zum Ziel.

Schritt 6: Konzipieren Sie das Testen.

Testen Sie Ihre Gamification-Lösung. Der Test sollte so nah am späteren Implementieren sein wie möglich, z.B. hinsichtlich der Gestaltung, der Zielgruppe(n) und Orte. Ein solcher Test muss kein aufwendiges, wissenschaftlich begleitetes Pilotprojekt sein und es reicht in der Praxis eine relativ kleine Testgruppe. Die eventuelle wissenschaftliche Begleitung, Monitoring und Evaluationen können Sie in der Phase der eigentlichen Verwirklichung Ihrer Gamification-Lösung umsetzen und daraus für die Weiterentwicklung des Konzepts lernen. Beim Vorab-Test geht es „nur" darum, unnötige Behinderungen, Lücken und sonstige Fehler in der geplanten Gamification-Lösung zu identifizieren und zu erkennen, ob das Ganze potenziellen Zielgruppen Spaß und Vergnügen bereiten kann.

Bewährt hat sich ein zweistufiger Test: Zunächst wird ein (Beta-)Test innerhalb des Projektteams gemacht, um Lücken beim „technischen" Funktionieren zu identifizieren. Dabei kann es auch eine ausdrückliche Aufgabe der Tester sein, Möglichkeiten aufzuspüren, womit die Gamification-Lösung lahmgelegt oder ad absurdum geführt werden kann. Danach folgt als zweiter Teil ein (Alpha-)Test mit einer kleinen externen Gruppe, die die spätere eigentliche Zielgruppe einigermaßen repräsentiert.

Nach dem offiziellen Start sollten Sie die Ergebnisse monitoren und ggf. entscheiden, die Gestaltung zu optimieren, bevor Sie einen größeren Roll-out angehen. Die Fragen sind also:

◇ Wie, mit wem und wann soll ein Test durchgeführt werden? Soll es ein zweistufiger Test sein?

◇ Wie sollen die Testergebnisse gemessen, gesichert und berücksichtigt werden?

◇ Wie kann das spätere Monitoring in der ersten „echten" Implementierungsphase gestaltet werden?

Bei Gamification-Lösungen mit schmalem Budget sind Studierende generell eine interessante Ressource; das gilt auch für das Monitoring, das z.B. Gegenstand einer Masterarbeit sein kann.

Schritt 7: Planen Sie den Launch.

Dass Gamification-Lösungen manchmal Rohrkrepierer sind, hat Expertinnen und Experten zufolge oft mit einem holprigen Launch zu tun. Es lohnt darum, den Launch wie ein eigenständiges (Teil-)Projekt zu planen und zu organisieren. Für den Launch, also den Beginn der eigentlichen Implementierungsphase, gibt es drei Optionen: den „epischen" Launch, den organischen Launch und den phasenweisen Launch.

Epischer Launch

Beim „epischen" Launch wird der Start großartig inszeniert, z.B. mit einem Event und/oder einer Marketingkampagne, mit Prominenz und „Botschaftern" und mit Kommunikation auf verschiedenen Kanälen. Die Schwäche solcher Launchs besteht indes oft darin, dass sie die eigentliche Zielgruppe nicht ansprechen. Dies ist etwa dann der Fall, wenn das Ziel im Vordergrund steht, mit dem Launch die Förderer zu motivieren und stolz zu machen oder die Organisation ins Rampenlicht zu rücken, die das Projekt startet, um ihr im Zusammenhang mit dem Launch einen PR-Erfolg zu verschaffen. Solche Gestaltung von Launchs ist verständlich, aber wenig zielführend, denn der Launch sollte vor allem die eigentliche Zielgruppe effektiv erreichen und motivieren, mit auf die Reise zu gehen. Ein Nachteil des „epischen" Launchs ist zudem, dass er sehr aufwendig ist. Das lohnt nur, wenn es sich um ein größeres Gamification-Vorhaben handelt.

Organischer Launch

Für die Mehrzahl der kommerziell auf den Markt gebrachten digitalen Spiele wird ein organischer Launch gewählt und das bietet sich auch für Gamification-Lösungen an. Bei organischen Launchs wird die Gamification-Lösung der Zielgruppe zur Verfügung gestellt und es werden vor dem Launch bereits erste Mitmacher gewonnen – möglichst solche, die innerhalb der Zielgruppe Multiplikatoren sind. Parallel werden in der ersten Phase der Gamification-Implementierung Maßnahmen für ein quantitatives Wachsen ergriffen. Diese sind von vornherein eingeplant und folgen einer Wachstumsstrategie. Organische Launchs sind weniger aufwendig und ermöglichen zudem, beim Wachsen oder Ausdehnen der Gamification-Lösung bereits Praxiserfahrungen zu berücksichtigen.

Phasenweiser Launch

Ein weit verbreiteter Ansatz ist zudem der phasenweise Launch. Hier wird die Gamification-Lösung zunächst in bewusst begrenztem Umfang dort begonnen, wo der Start am leichtesten möglich ist. Nachfolgend wird das Ganze in definierten Wachstumsphasen planvoll ausgedehnt (z.B. Beginn in einem Landkreis, dann in mehreren Landkreisen, danach im ganzen zugehörigen Bundesland, schließlich bundesweit). Der Vorteil ist, dass dabei nicht nur von den ersten Erfahrungen mit der Implementierung gelernt werden kann, sondern auch Erfahrungen bei der Organisation des Transfers in andere Gebiete für spätere Wachstumsphasen hilfreiche Hinweise geben. Fragen, die bei jeder Form von Launch beantwortet werden sollten, sind:

◇ Was ist Ihr konkret messbares Ziel beim Launch?

◇ Was sind Ihre materiellen und immateriellen Ressourcen für den Launch? (Und ggf.: Durch welche Maßnahmen können Sie für den Launch zusätzliche finanzielle, personelle oder kommunikative Ressourcen gewinnen?)

◇ Welche Form des Launchs wählen Sie („episch", organisch, phasenweise)?

◇ Was werden Sie zum Launch kommunizieren? Insbesondere:

  ◇ Was werden Sie im Hinblick auf die Bedürfnisse der Zielgruppe kommunizieren? Was soll Ihre Hauptbotschaft sein?

  ◇ Werden Sie auch kommunizieren, was Sie letztlich mit der Gamification-Lösung erreichen wollen?

  ◇ Wen wollen Sie neben den eigentlichen Zielgruppen warum und wie erreichen?

◇ Auf welchen Kanälen werden Sie mit welchen Maßnahmen kommunizieren?

◇ Mit wem werden Sie beim Launch ggf. kooperieren?

◇ Was werden Sie kommunikativ tun, damit der Launch nicht zum kurzen Strohfeuer und damit Flop wird?

◇ Was werden Sie tun, wenn die zunächst geplanten kommunikativen Maßnahmen zum Launch nicht greifen?

Eventuell Schritt 8: Konzipieren Sie Ihre Nachhaltigkeits- oder Exit-Strategie

Die meisten erfolgreichen kommerziellen digitalen Spiele haben irgendeine Fortsetzung bzw. es wird ständig etwas hinzugefügt und so laufen sie dann zum Teil über sehr viele Jahre. Das ist möglich, weil erfolgreiche kommerziell angebotene Spiele finanziellen Gewinn erwirtschaften. Für gemeinnützige Interventionen besteht diese Möglichkeit nicht so ohne Weiteres, eben weil sie in der Regel nur Kosten und Gemeinwohlgewinne, nicht aber Zufluss zusätzlicher Finanzmittel bewirken.

Die Problematik, die finanzielle Nachhaltigkeit guter Interventionen zugunsten des Gemeinwohls zu erreichen, stellt sich bei den meisten Gemeinwohlvorhaben und bedarf auch bei gamifizierten Lösungen einer Antwort. Die Darstellung der verschiedenen Möglichkeiten, mit dieser Herausforderung umzugehen, würde diesen Ratgeber sprengen. Generell kann und sollte man sich alternativ entscheiden für

• ein Auslaufen des Projekts nach einer bestimmten Phase,

• die Übergabe des Projekts an andere Träger, die einen dauerhaften Betrieb ermöglichen können und wollen,

- eine eigene Dauerförderung auf einem bestimmten – irgendwann nicht mehr wachsenden – Niveau, wenn dafür eigene Ressourcen oder Drittmittel verlässlich und längerfristig zur Verfügung stehen,
- die laufende Einbindung immer neuer zusätzlicher Partner mit Ressourcen,
- die Nutzung von Gamification-Projekterfolgen für verstärkte Fundraising-Bemühungen und -Erfolge
- die Organisation der Gamification-Lösung in Form einer „Social Entreprise", die laufenden Zufluss von Finanzmitteln gewährleistet, idealerweise sogar wachsend mit der Ausdehnung der als Social Entreprise organisierten Gamification-Lösung.

Auf jeden Fall sollten Sie sich Fragen wie die folgenden stellen:

◇ Was ist Ihr ultimativer langfristiger Plan für Ihre Gamification-Lösung?

◇ Wollen Sie eine zeitlich befristete Lösung mit Exit? Oder eine Nachhaltigkeitsstrategie – wenn ja, welche?

◇ Wenn Sie sich für eine Exit-Strategie entscheiden: Wie soll das Ende aussehen? Was passiert mit den Menschen (z.B. denen, die im Projekt engagiert sind)?

◇ Lassen sich Projektergebnisse anderweitig nutzbar machen?

◇ Wenn Sie sich für eine zunächst unbefristete Nachhaltigkeitsstrategie entscheiden: Was ist Ihr Plan B, wenn dies nicht funktioniert? Soll das Vorhaben nachhaltig *wachsen* oder ab einem bestimmten Punkt auf einem erreichten Plateau *ohne weiteres Wachstum* fortgeführt werden?

Einige weiterführende Hinweise

Gamification-Beraterinnen und -Berater

Zumindest für größere Vorhaben lohnt es, professionelle Beratung einzubinden. Die Gruppe derjenigen Beratenden, die in Sachen Gamification (auch) gemeinnützige Organisationen beraten und für den Dritten Sektor ein tieferes Verständnis haben, ist hierzulande aber überschaubar. Einer der bekanntesten Berater ist Christoph Deeg[1], der überwiegend für gemeinnützige Organisationen arbeitet, auch international (z.b. für Vorhaben in Afrika). Roman Rackwitz[2], einer der internationalen Topberater für Gamification, berät ebenfalls gemeinnützige Vorhaben und Organisationen. Eine einschlägig kompetente Beraterin ist zudem Odile Limpach[3] vom Cologne Game Lab – Institute for Game Development & Research in Köln. Auch Jörg Niesenhaus[4], Head of Gamification bei dem Unternehmen Centigrade, ist als Experte mit Bezug zum Gemeinwohlsektor anerkannt, ebenso wie Arne Gels[5], Fachbereichsleiter Digital Learning der TÜV Rheinland Akademie. Hervorragende Berater und Dienstleister in einem sind ferner Tashin Avci von der Firma Pop Rocket[6] und Manouchehr Shamsrizi, Gründer des Social Entreprises RetroBrain R&D[7], beide beheimatet in Hamburg und auch für Gemeinwohlvorhaben tätig. Zum Kreis der hoch kompetenten Experten für gamifizierte Gemeinwohlvorhaben gehört außerdem Robert Dürhager von der als Social Entreprise organisierten Kommunikationsagentur Wigwam.[8]

Gemeinnützige Organisationen können auch versuchen, von einschlägigen Dienstleistern pro bono beraten zu werden oder die Gamifizierung des Projekts z.B. als Masterarbeit von Studierenden gestalten zu lassen, an deren Hochschule eine in Sachen Gamification kompetente Betreuung gewährleistet ist.

Für kleinere Vorhaben besteht alternativ zu umfassender Beratung von außen eine Möglichkeit darin, dass Mitarbeitende der gemeinnützigen Organisation selbst ein solides Grundwissen über Gamification und insbesondere den Designprozess erwerben und dann selbstständig anwenden (zu Fortbildungen siehe unten).

---

[1] christoph-deeg.com
[2] romanrackwitz.de
[3] www.colognegamelab.de/institute/people/odile-limpach/
[4] www.centigrade.de/de/unternehmen/team#joerg.niesenhaus
[5] blog.tuv.com/digital-learning-make-yourself-great-again
[6] www.poprocket.com
[7] retrobrain.de
[8] wigwam.im

Gamification-Dienstleister

Die größten und umsatzstärksten Gamification-Dienstleistungsunternehmen sind international tätige Firmen in den USA wie Bunchball[9], Badgeville[10] und Gigya[11]; aber diese internationalen Topadressen haben ihren Fokus in der kommerziellen Wirtschaft und dürften allenfalls für sehr große Vorhaben und Institutionen geeignet sein. Gleiches gilt für die SAP-Gamification-Plattform für Großunternehmen.

Speziell für gamifiziertes Online-Fundraising und Spenderbindung von Non-Profit-Organisationen wird von zahlreichen professionellen Fundraiserinnen und Fundraisern – bislang vor allem in den USA – der Service der US-Firma bloomerang[12] eingesetzt. Die monatlichen Gebühren sind moderat und bloomerang bietet für die Nutzung des Angebots auch kostenlose Online-Schulungen.

Deutsche auf Gamification spezialisierte Dienstleister, die mit gemeinnützigen Vorhaben Erfahrung haben, sind u.a. die Firmen Engaginglab[13], saphiron[14] und Gamify now![15]. Zudem helfen Kommunikationsagenturen wie Wigwam[16] bei der Gamifizierung von Kampagnen für Gemeinwohlanliegen. Sehr kreative Unternehmen für die gamifizierte Gestaltung von Gemeinwohlvorhaben sind auch Pop Rocket[17] und das gemeinwohlorientierte Start-up RetroBrain[18]. Daneben bieten Werbeagenturen wie z.B. Mattheis[19] in Berlin und die großen Agenturen der Werbebranche Gamification-Dienstleistungen für Marketingzwecke an.

Apps

Für diejenigen im gemeinnützigen Sektor, die sich mit neuen digitalen Möglichkeiten auf diesem Gebiet erstmalig vertraut machen wollen, eignen sich – sozusagen zum „Warmwerden" – einfache kostenlose Gamification-Apps wie SuperBetter[20]. Ähnlich funktionieren Apps wie Habitica[21] oder einschlägige gamifizierte Fitness-Apps[22].

---

9 www.bunchball.com
10 badgeville.com
11 www.gigya.com/de/
12 bloomerang.co
13 engaginglab.de – Roman Rackwitz (s.o.)
14 www.saphiron.de
15 www.gamify-now.de
16 wigwam.im
17 www.poprocket.com
18 retrobrain.de
19 www.usability-mittelstand.de/gamification
20 www.superbetter.com
21 www.habitica.com
22 Beispiele unter: www.gq-magazin.de/leben-als-mann/fitness/gamification-fitness-apps

Spezielle – und bezahlbare – Apps für die Gamifizierung von Veranstaltungen (auch des Dritten Sektors) bietet z.B. EventMobi[23]. Die IMC AG[24] – entstanden als Universitäts-Spin-off an der Universität des Saarlandes und auch für staatliche und gemeinnützige Organisationen tätig – entwickelt hochwertige App-basierte Gamifizierungen vor allem von Schulungen. Die sonstigen genannten Dienstleister von Gamification-Lösungen arbeiten ebenfalls oft mit Apps und können diese maßgeschneidert für ihre Auftraggeber entwickeln.

Weitere Werkzeuge

Abzeichen oder Badges, geeignet insbesondere für Projekte im Bereich formaler und non-formaler Bildung, kann man sehr einfach gestalten mit OpenBadges[25]. Dieses kostenlose Open-Source-Angebot wurde mit Förderung der MacArthur Foundation und weiteren Partnern von Mozilla entwickelt.

Bei vielen Bildungsinstitutionen (von Kindergärten über Jugendorganisationen bis hin zu namhaften Universitäten) kommt in den USA BadgeOS[26] zum Einsatz. Es bietet neben Abzeichen und anderen individualisierten Rückmeldeinstrumenten eine sehr gute Einbindung in Social Media, was die Motivationswirkung (durch Kommunikation mit anderen) deutlich verstärken kann. Badges für die Anwendung im Bildungsbereich lassen sich ferner von Lehrenden sehr einfach mit dem kostenlosen Angebot von Classbadges[27] kreieren. Das simple Angebot wird nicht weiter technisch gepflegt, funktioniert aber nach wie vor gut auf dem Stand von 2015.

Eine hochwertige technische und populäre Plattform für die Eigenkreation von digitalen Gamification-Lösungen (mit vorgefertigten anpassbaren Apps und mehr) vor allem zur Einbindung in die Website bietet die Firma Badgeville[28], die aber primär auf größere Unternehmen zielt.

Relativ preiswerte und ausgesprochen einfach zu nutzende „Tools" für Gamification, die u.a. auch für gemeinwohlorientierte Kampagnen und die Gamifizierung von Kongressen auf der ganzen Welt eingesetzt wurden, bietet Gametize[29], ein international erfolgreiches Start-up aus Singapur.

---

23 www.eventmobi.com
24 www.im-c.com/de/
25 openbadges.org
26 badgeos.org
27 classbadges.com
28 badgeville.com
29 gametize.com

Nutzung von Elementen populärer digitaler Spiele

Im Prinzip können, wie im Buch dargelegt, Elemente von praktisch allen – auch analogen – Spielen für Gamification eingesetzt werden. Vielfache Möglichkeiten der Einbindung von digitalen Spielen für Lernzwecke findet man auf der Plattform „Digitale Spielewelten"[30]: Gefördert vom Bundesministerium für Verkehr und digitale Infrastruktur und von game – Verband der deutschen Games-Branche, wird sie vom Institut Spielraum der TH Köln und der Stiftung Digitale Spielkultur gemeinsam angeboten. Die Inhalte richten sich vor allem an Pädagogen und Pädagoginnen.

Wer bislang keine Erfahrung mit entsprechend einsetzbaren populären digitalen Spielen hat, dem bieten Spiele wie Microsofts Spiel Minecraft[31] relativ niedrigschwellige Kennenlernmöglichkeiten; Minecraft hält zudem mit der Education Edition[32] als Bildungsplattform ein sehr umfangreiches Angebot für Lehrende bereit.

Gamification-Fortbildung

Im Fortbildungsmarkt für Wirtschaftsunternehmen gibt es eine Reihe von Angeboten zu Gamification. Gamification-Einführungsseminare kann man z.b. bei der ISM Academy GmbH[33] und bei dem Unternehmen Management Circle[34] buchen. Der deutsche Gamification-Dienstleister Saphiron bietet ebenfalls Inhouse-Seminare zu Gamification, ist bislang aber wohl nur im kommerziellen Sektor tätig.[35] Einige dieser Fortbildungseinrichtungen veranstalten auch Gamification-Seminare zu spezifischen Anwendungsgebieten, z.B. für Bibliotheken.[36] Um einschlägige Anbieter im kommerziellen Bereich zu finden, gilt es schlicht zu googeln.

Einen kostenlosen Online-Kurs in englischer Sprache zum Thema Gamification kann man bei der University of Pennsylvania machen.[37] Der Kurs läuft über sechs Wochen, mit pro Woche sechs bis acht Stunden Zeiteinsatz.

---

30 digitale-spielewelten.de
31 minecraft.net/de; siehe S. 113f. im Teil Praxisbeispiele dieses Buches
32 https://education.minecraft.net/how-it-works/why-minecraft/
33 www.seminarmarkt.de
34 www.managementcircle.de/seminar/gamification.html
35 www.saphiron.de/online-marketing-veranstaltungen/inhouse-seminare/gamification/
36 www.ekz.de/seminare-veranstaltungen/seminare/gaming-und-gamification-in-bibliotheken/
37 Siehe www.coursera.org/learn/gamification

Spezifische Gamification-Fortbildungsangebote für den Gemeinwohl-sektor scheint es, anders als im Ausland, hierzulande bislang nicht zu geben. Die ESV-Akademie[38] des Berliner Erich Schmidt Verlags, der dieses Buch publiziert, plant aber, zeitnah nach dessen Erscheinen eine entsprechende Fortbildung für Stiftungen und andere gemeinnützige Organisationen in Deutschland testweise anzubieten. Die ESV-Akademie kann auch maßgeschneiderte Workshops zum Thema konzipieren und durchführen. Außerdem kann man z.b. bei der TÜV Rheinland Akademie Inhouse-Seminare buchen, bei denen Themen- und Gestaltungswünsche berücksichtigt werden.[39] Hier arbeitet der bereits genannte Gamification-Experte Arne Gels. Eine weitere Möglichkeit ist es, die oben genannten Beraterinnen und Berater als Vortragende für Inhouse-Workshops und -Schulungen einzuladen.

Lektüre

Wenn Sie sich für neuere wissenschaftliche Artikel zum Thema Gamification interessieren, ist das Gamification Research Network von Sebastian Deterding eine gute Adresse.[40] In dem Netzwerk sind über 300 auf dem Gebiet von Gamification tätige Wissenschaftlerinnen und Wissenschaftler von allen Kontinenten verbunden. Wer sich anmeldet, bekommt regelmäßig Hinweise auf neue wissenschaftliche Artikel rund um das Thema. Eine Liste der Publikationen, die zum Thema Games, Gamification und Bildung in den letzten Jahren erschienen und auf internationaler Ebene besonders beachtenswert sind, veröffentlicht das Institute of Play auf seiner Internetseite.[41] Eine Literaturliste finden Sie außerdem in diesem Buch auf Seite 160ff.

Sehenswerte Videos

Eine gute deutschsprachige Einführung mit Hinweisen zu kluger Gestaltung von Gamification und potenziellen Gestaltungsfehlern bietet ein Vortrag von Sebastian Deterding, den man auf YouTube anschauen kann.[42] Was wäre, wenn wir die Zeit und Energie der Spielerinnen und Spieler einsetzen könnten, um Probleme in der Realität zu lösen? Jane McGonigal meint, dass wir das können, und erklärt in ihrem TED Talk

---

38 www.esv.info/lp/esv-akademie
39 akademie.tuv.com/page/inhouse
40 gamification-research.org
41 Siehe https://docs.wixstatic.com/ugd/4401d6_804518a8ca374c92ab759fba594fd7d2.pdf
    und www.instituteofplay.org
42 www.youtube.com/watch?v=1v8mxnNOaHM

wie.[43] Davon, wie Gamification4Good gelingen kann, berichtet Yu-Kai Chou in einem TEDx Talk.[44]

Institutionen

Cologne Game Lab – Institute for Game Development & Research

Das Cologne Game Lab (CGL) ist ein Institut an der TH Köln und gehört dort zur kulturwissenschaftlichen Fakultät. Die 2010 gegründete Einrichtung, die in der Startphase mit EU-Mitteln finanziert wurde, ist ein bundesweit bedeutsamer „Hot Spot" und eine Denkfabrik zu Zukunftsfragen des Gamings. Das Institut hat sich mit Kongressen und einschlägiger Forschung einen Namen gemacht und etliche Preise zuerkannt bekommen. Hier wurde der erste Master-Studiengang in Deutschland für Game Development and Research entwickelt. Das Cologne Game Lab ist die deutsche Niederlassung von Games for Change Europe und organisiert das jährliche europäische Games for Change-Festival.
www.colognegamelab.de

Digitale-Spielewelten.de

Digitale-Spielewelten.de ist eine Online-Plattform für Medienpädagogik in der digitalen Spielekultur. Die Informations-, Präsentations- und Vernetzungsplattform bildet die vielfältigen Aktivitäten und Netzwerke im Bereich der digitalen Spielekultur ab und bietet mehr als 65 Projekte und Methoden vor allem für Pädagoginnen und Pädagogen. Das Projekt wird gemeinsam vom Institut Spielraum der TH Köln und der Stiftung Digitale Spielekultur (siehe S. 158) getragen.
digitale-spielewelten.de

game – Verband der deutschen Games-Branche

Unter diesem Namen haben sich im Januar 2018 die Mitglieder der beiden vorher existierenden Branchenverbände, BIU – Bundesverband Interaktive Unterhaltungssoftware und GAME – Bundesverband der deutschen Games-Branche, zusammengeschlossen. Der Verband mit Sitz in Berlin hat sich auf die Fahnen geschrieben, Deutschland zum führenden Standort für die Spieleentwicklung zu machen. Er versteht sich als Ansprechpartner für Medien, Politik und Gesellschaft, informiert u.a. zu Marktentwicklung, Spielekultur und Medienkompetenz und veran-

---

43 www.youtube.com/watch?v=dE1DuBesGYM
44 www.youtube.com/watch?v=v5Qjuegtiyc

staltet mit der Messe „gamescom" jährlich das weltweit größte Event für Computer- und Videospiele. Auf der Internetseite findet man eine Fülle von Zahlen, Daten und Fakten zur deutschen Games-Branche.

www.game.de

gamelab.berlin

Das gamelab.berlin ist ein Projekt des Interdisziplinären Labors Bild Wissen Gestaltung und ein Exzellenzcluster der Humboldt-Universität zu Berlin. Exzellenzcluster sind große Verbundforschungsprojekte, in denen Wissenschaftlerinnen und Wissenschaftler verschiedener Disziplinen zu einem zukunftsträchtigen Thema zusammenarbeiten. Basierend auf einem erweiterten Spielbegriff forscht das gamelab.berlin u.a. in den Bereichen Gamethinking, transmediales Storytelling, Serious Games, Gamification, Persuasive Design, Engagement Science und Experience Design. Die theoretische und historische Forschung aus den unterschiedlichen im Projekt vertretenen Expertisen wird komplementär ergänzt von Eigenentwicklungen. Durch diese Verbindung von universitärer Forschung und praktischer Gestaltung will das gamelab.berlin neue Dimensionen im Wechselspiel von Theorie und Praxis erschließen.

www.gamelab.berlin

Games for Change

Games for Change ist eine internationale Non-Profit-Organisation mit Sitz in New York City, die gezielt Spiele für gesellschaftlichen Wandel unterstützt und dazu jährlich ein Festival veranstaltet. Die 2004 gegründete Organisation will Spieleentwickler und soziale Innovatoren dabei stärken, mit Spielen die Welt zu verbessern.

www.gamesforchange.org

games:net berlinbrandenburg

games:net ist die Initiative des media:net berlinbrandenburg für die Games-Branche in der Hauptstadtregion. Es unterstützt Indie-Studios und etablierte Player mit seinen Kontakten in Wirtschaft, Politik und Forschung. Durch regelmäßige Netzwerkveranstaltungen wird eine Plattform geboten, um den Austausch zwischen den Akteurinnen und Akteuren der Games-Industrie zu fördern und ihre Interessen zu vertreten.

www.medianet-bb.de/games-net-berlinbrandenburg

Institute of Play

Das Institute of Play in New York City wurde 2007 von einer Gruppe von Spieldesignerinnen und -designern gegründet. Ziel ist es, innovative, neue und motivierende Modelle des Lernens zu entwickeln, gamifizierte Formen des Lernens voranbringen und Bildung durch Spielen zu transformieren. Die Non-Profit-Organisation ist in den USA und anderen Ländern der Welt tätig und arbeitet zu den vier Schwerpunkten Schuldesign, Spiel- und Lehrplanentwicklung, Fortbildungsprogramme für Lehrer sowie Workshops und Trainings für Unternehmen und Organisationen (siehe dazu ausführlich Kasten auf S. 72ff.).

www.instituteofplay.org

Spielraum. Institut für Medienforschung und Medienpädagogik an der TH Köln

Das Projekt setzt sich pädagogisch mit digitalen Spielewelten auseinander und möchte zwischen den Spielinteressen junger Menschen auf der einen Seite und den Bedenken Erziehender auf der anderen Seite vermitteln. Spielraum bietet u.a. Materialien zur Förderung kommunikativer Kompetenz und Medienkompetenz, Wissens- und Praxistransfer, Beratung und Kooperationen, Praxisprojekte und Konferenzen, z.B. Medienpädagogische Netzwerktagungen und Barcamps. Die Angebote richten sich an Lehrkräfte, Erzieherinnen und Erzieher, Studierende, Schülerinnen und Schüler, Kinder und Jugendliche, Eltern und Multiplikatoren.

spielraum.web.th-koeln.de

Stiftung Digitale Spielekultur

Die Stiftung Digitale Spielekultur in Berlin wurde im Herbst 2012 auf Initiative des Deutschen Bundestages und der deutschen Computer- und Videospielbranche gegründet. Ihr Ziel ist es, wirtschaftliche, technologische, kulturelle und gesellschaftliche Potenziale digitaler Spiele zu vermitteln. Mit ihren Projekten und Kooperationen arbeitet sie im Bereich der drei Schwerpunktthemen Bildung, Kultur und Forschung. Gesellschafter der Stiftungs-GmbH ist der game – Verband der deutschen Games-Branche. Neben Bundesministerien sind Partner aus Kultur, Gesellschaft, Politik, Wissenschaft, Jugendschutz und Pädagogik beteiligt.

www.stiftung-digitale-spielekultur.de

Literatur

Antin, Judd / Churchill, Elizabeth F. (2011): Badges in Social Media: A Social Psychological Perspective. Online unter: http://gamification-research.org/wp-content/uploads/2011/04/03-Antin-Churchill.pdf

Bartle, Richard (1996): Hearts, Clubs, Diamonds, Spades: Players Who Suit MUDs. In: Journal of MUD Research, 1 (1). Online unter: https://mud.co.uk/richard/hcds.htm

Baumgartlinger, Harald (2012): Spielmotive und Spielertypen abseits des Mainstreams. Nutzungsmotive von kooperativen und kompetitiven Onlinerollenspielen. Wiesbaden

Bendel, Oliver: Gamification (o.J.). In: Springer Gabler Verlag (Hg.): Gabler Wirtschaftslexikon. Online unter: http://wirtschaftslexikon.gabler.de/Archiv/688938796/gamification-v5.html

Berreby, David (2013): The Gamification of Everything. Online unter: www.kornferry.com/institute/618-the-gamification-of-everything

Bogost, Ian (2015): Why Gamification Is Bullshit. In: Walz, Steffen P. / Deterding, Sebastian (Hg.): The Gameful World: Approaches, Issues, Applications. Cambridge, Mass.

Bransford, John D. / Brown, Ann L. / Cocking, Rodney R. (Hg.) (1999): How People Learn. Brain, Mind, Experience, and School. Washington, D.C.

Burak, Asi / Parker, Laura (2017): Power Play. New York, NY

Burke, Brian (2014): Gamify. How Gamification Motivates People to Do Extraordinary Things. Brookline, Mass.

Buytendijk, Frederik J.J. (1933): Wesen und Sinn des Spiels. Berlin

Cameron, Kim / Mora, Carlos / Leutscher, Trevor / Calarco, Margaret (2011): Effects of Positive Practices on Organizational Effectiveness. In: The Journal of Applied Behavioral Science, 47 (3), 2011, S. 266–308. Online unter: http://journals.sagepub.com/doi/abs/10.1177/0021886310395514

Chou, Yu-Kai (2016): Actionable Gamification. Beyond Points, Badges, and Leaderboards. Fremont, Calif.

Cirna, Viola (1983): Untersuchungen zum Zusammenhang zwischen Selbstregulationsfähigkeit und subjektivem Wohlbefinden in Abhängigkeit von Persönlichkeit und Optimismus. Dissertation an der Universität Leipzig, mit weiteren Nachweisen. Online unter: http://www.qucosa.de/fileadmin/data/qucosa/documents/12458/Dissertation%20Cirner%2Cpdf

Cohen, Jonathan (2001): Defining Identification: A Theoretical Look at the Identification of Audiences With Media Characters. In: Mass Communiction and Society. Vol. 4 (2001), S. 245ff.

Crawford, Chris (2010): The Philogeny of Play. Online unter: http://www.erasmatazz.com/library/science/the-phylogeny-of-play.html

Crumlish, Christian / Malone, Erin (2009): Designing Social Interfaces. Principles, Patterns, and Practices for Improving the User Experience. Beijing

Csíkszentmihályi, Mihály (2000): Das Flow-Erlebnis. Jenseits von Angst und Langeweile: im Tun aufgehen. 8. Auflage, Stuttgart

Deterding, Sebastian et al. (2011): Gamification: Toward a Definition, siehe http://hci.usask.ca/uploads/219-02-Deterding,-Khaled,-Nacke,-Dixon.pdf

Deutsche Stiftung Weltbevölkerung (Hg.) (2002): Mit Fernsehserien Nachhaltig wirken. Hannover

Dixon, Dan (2011): Player Types and Gamification. Online unter: http://gamification-research.org/wp-content/uploads/2011/04/11-Dixon.pdf

Dreher, Thomas (2008): Pervasive Games. Online unter: http://iasl.uni-muenchen.de/links/NAPG.html#Begriff

Duggan, Kris / Shoup, Kate (2013): Business Gamification for Dummies. Hoboken, NJ

Eckardt, Linda et al. (2017): Führen Serious Games zum Lernerfolg? In: Strahringer, Susanne / Leyh, Christian (Hg.): Gamification und Serious Games. Grundlagen, Vorgehen und Anwendungen. Wiesbaden, S. 141f.

Edelmann, Walter (2003): Intrinsische und extrinsische Motivation. In: Grundschule 35 (4), S. 30–32. Online unter: www.eduhi.at/dl/Motivation.pdf

Eliot, Lise (2001): Was geht da drinnen vor? Die Gehirnentwicklung in den ersten fünf Lebensjahren. Berlin

Elschenbroich, D. (2000): Was gibt es Neues auf der Welt? Vom Mythos der ersten drei Lebensjahre. In: Frankfurter Allgemeine Zeitung vom 01.03.2000

Fleisch, Hans / Campenhausen, Ilsabe von (2002): Umweltmotivation durch TV-Serien und Seifenopern. Hg. von der Deutschen Stiftung Weltbevölkerung. Hannover/Berlin

Freyermuth, Gundolf (2015): Games – Game Design – Game Studies. Bielefeld

Freyermuth, Gundolf (2017): Transmedia Storytelling. In: Clash of Realities (Hg.): Clash of Realities 2015/16: On the Art, Technology and Theory of Digital Games. Proceedings of the 6th and 7th Conference. Bielefeld, S. 97-126

Fromme, J. / Biermann, R. / Unger, A. (2010): „Serious Games" oder „taking games seriously"? In: Hugger, Kai-Uwe / Walber, Markus (Hg.): Digitale Lernwelten. Konzepte, Beispiele und Perspektiven. Wiesbaden, S. 40-57

Hanssen, M.M. / Vancleef, L.M.G. / Vlaeyen, J.W.S. / Hayes, A.F. / Schouten, E.G.W. / Peters, M.L. (2015): Optimism, Motivational Coping and Well-being: Evidence Supporting the Importance of Flexible Goal Adjustment. In: Journal of Happiness Studies 16 (6), S. 1525-1537

Henke, Michael / Kaczmarek, Sandra (2017): Gamification in der Logistik. Effektiv und spielend zu mehr Erfolg. München

Holmes, Emily A. / James, Ella L. / Coode-Bate, Thomas / Deeprose, Catherine (2009): Can Playing the Computer Game „Tetris" Reduce the Build-Up of Flashbacks for Trauma? A Proposal from Cognitive Science. In: PLoS ONE 4 (1): e4153, 2009. Online unter: https://doi.org/10.1371/journal.pone.0004153; www.tamiu.edu/newsinfo/7-08-10/article5.shtml; www.deakin.edu.au/news/2012/240712childrenmotorskills.php%20%3Cbr%20/%3E

Huizinga, Johan (2015): Homo Ludens. Vom Ursprung der Kultur im Spiel. 24. Auflage, Reinbek bei Hamburg [Originalausgabe 1938]

Hunnicke, Robin / LeBlanc, Marc / Zubeck, Robert (o.J.): MDA: A Formal Approach to Game Design and Game Research. Online unter: www.cs.northwestern.edu/~hunicke/MDA.pdf

Hüther, Gerald / Quarch, Christoph (2016): Rettet das Spiel! Weil Leben mehr als Funktionieren ist. München

Jones, B. / Madden, G. / Wengreen, H. (2014): The Fit Game. In: Preventive Medicine, Vol. 68 (2014), S. 76ff.

Kerres, Michael / Bormann, Mark / Vervenne, Marcel (2009): Didaktische Konzeption von Serious Games: Zur Verknüpfung von Spiel und Lernangeboten. In: MedienPädagogik. Online-Zeitschrift für Theorie und Praxis der Medienbildung. Online unter: www.medienpaed.com/2009/kerres0908.pdf

Koch, Michael / Ott, Florian / Oertelt, Stephan (2013): Gamification von Business Software – Steigerung von Motivation und Partizipation. München

Köhler, Richard / Bruhn, Manfred (2010): Neuroökonomie als interdisziplinärer Ansatz für Wissenschaft und Praxis. In: Bruhn, Manfred / Köhler, Richard (Hg.): Wie Marken wirken. Impulse aus der Neuroökonomie für die Markenführung. München, S. 3ff.

Konrad-Adenauer-Stiftung (2001): Seifenopern für sozialen Wandel. Entwicklungspolitische Möglichkeiten der Unterhaltungsmedien. Internationale Fachtagung, 30. März 2001 (Tagungsband). Sankt Augustin

Kopp, Brigitta / Mandl, Hartmut (2014): Lerntheoretische Grundlagen von Rückmeldungen. In: Ditton, Hartmut / Müller, Andreas: Feedback und Rückmeldungen. Theoretische Grundlagen, empirische Befunde, praktische Anwendungsfelder. Münster

Koster, Raph (2013): A Theory of Fun for Game Design. 2. Auflage, Sebastopol, Calif.

Laschke, Matthias / Hassenzahl, Marc (2017): Pleasurable Troublemakers. Keymoment – Initiating Behavior Change through Friendly Friction. Online unter: http://htwo.org/2017/08/22/laschke-hassenzahl

Lawton, Graham (2007): Mind Tricks: Ways to Explore Your Brain. In: New Scientist, 22. September 2007, S. 34-41

Luthans, Fred / Avey, James B. / Avolio, Bruce J. / Peterson, Suzanne J. (2010): The Development and Resulting Performance Impact of Positive Psychological Capital. In: Human Resource Development Quarterly, 21 (1), S. 41-67. Online unter: https://pdfs.semanticscholar.org/430d/72d-032cc126bb654a06229297264ff3de00b.pdf

Malone, Thomas W. (1980): What Makes Things Fun to Learn? A Study of Intrinsically Motivating Computer Games. Palo Alto, Calif. Online unter: https://www.hcs64.com/files/tm%20study%20144.pdf

Marczewski, Andrzej (2015): User Types. In: Ders.: Even Ninja Monkeys Like to Play: Gamification, Game Thinking and Motivational Design. O.O., S. 65-80

Masser, Kai / Mory, Linda (2017): Kommunales Regieren mit Bürgern – Bürgerbeteiligung auf dem Weg zur Gamification? In: Hinz, Elmar (Hg.): Regieren in Kommunen. Herausforderungen besser bewältigen – Außen- und Binnenorientierung beeinflussen. Wiesbaden, S. 43ff.

Mayer, Monica Alice (2009): Warum leben, wenn man stattdessen spielen kann? Kognition, Motivation und Emotion am Beispiel digitaler Spiele. Boizenburg

McClelland, David C. (1995): Achievement Motivation in Relation to Achievement-related Recall, Performance, and Urine Flow, a Marker

Associated With Release of Vasopressin. In: Motivation and Emotion 19 (1), S. 59-76

McClelland, D.C. / Davidson, R. / Saron, C. / Floor, E. (1980): The Need for Power, Brain Norepinephrine Turnover and Learning. In: Biological Psychology 10 (2), S. 93-102

McClelland, David C. / Patel, Vandana / Stier, Deborah / Brown, Don (1987): The Relationship of Affiliative Arousal to Dopamine Release. In: Motivation and Emotion 11 (1), S. 51-66. Online unter: https://link. springer.com/article/10.1007/BF00992213

McGonigal, Jane (2011): Reality Is Broken. Why Games Make Us Better and How They Can Change the World. New York, NY

McGonigal, Jane (2012): Besser als die Wirklichkeit. München

Meißner, Stefan (2012): Arbeit und Spiel. Von der Opposition zur Verschränkung in der gegenwärtigen Kontrollgesellschaft. Online unter: https://trajectoires.revues.org/915

Morschheuser, Benedikt / Werder, Karl / Hamari, Juho / Abe, Julian (2017): How to Gamify? A Method for Designing Gamification. In: Proceedings of the 50th Annual Hawaii International Conference on System Sciences (HICSS), Hawaii, USA, January 4-7, 2017. Online unter: http://gamification-research.org/2016/09/how-to-gamify/

Newberger, Julee J. (1997): New Brain Development Research – a Wonderful Window of Opportunity to Build Public Support for Early Childhood Education! In: Young Children 52/4, S. 4-9

Nussbaum, Martha (2006): Frontiers of Justice: Disability, Nationality, Spezies Membership. Cambridge, Mass.

Pieniazek, Johanna (2015): Spielend zum Erfolg: 5 Enterprise-Gamification-Beispiele. Online unter: https://digitaler-mittelstand.de/trends/ratgeber/spielend-zum-erfolg-5-enterprise-gamification-beispiele-14799

Rawls, John (1991): Eine Theorie der Gerechtigkeit. 6. Auflage, Frankfurt a.M.

Rigby, Scott / Ryan, Richard M. (2011): Glued to Games. How Video Games Draw Us In and Hold Us Spellbound. Santa Barbara, Calif.

Rushton, Stephen P. (2001): Applying Brain Research to Create Developmentally Appropriate Learning Environments. In: Young Children 56/5, S. 76-82

Ryan, Richard / Deci, Edward (2012): Motivation, Personality, and Development Within Embedded Social Contexts: An Overview of

Self-Determination Theory. In: Ryan, Richard (Hg.): The Oxford Handbook of Human Motivation. Oxford, S. 1–59

Ryan, Richard / Deci, Edward (2002): Overview of Self-Determination Theory. In: Dies. (Hg.): Handbook of Self-Determination Research. Rochester, S. 3ff.

Ryan, Richard / Deci, Edward (1993): Die Selbstbestimmungstheorie der Motivation und ihre Bedeutung für die Pädagogik. In: Zeitschrift für Pädagogik 39, S. 223ff.

Sailer, Michael (2016): Die Wirkung von Gamification auf Motivation und Leistung. Empirische Studien im Kontext manueller Arbeitsprozesse. Wiesbaden

Scheuerl, Hans (1979): Das Spiel. Untersuchungen über sein Wesen. 9. Auflage, Weinheim/Basel

Schilken, Dörte (2002): Die teleologische Reise. Von der christlichen Pilgerallegorie zu den Gegenwelten der Fantasyliteratur. Würzburg

Schönbohm, Avo / Marwede, Laura / Graffius, Michael (Hg.) (2017): Spielräume – Facetten von Gamification in Unternehmen und Weiterbildung. Dollerup

Shatz, Itamar (2015): Using Gamification and Gaming in Order to Promote Risk Taking in the Learning Process. Online unter: http://itamarshatz.me/wp-content/uploads/2015/09/Using-Gamification-and-Gaming-in-Order-to-Promote-Risk-Taking-in-the-Language-Learning-Process.pdf

Shore, Rima (1997): Rethinking the Brain. New Insights into Early Development. New York, NY

Skinner, Burrhus Frederic (1963): Operant Behavior. In: American Psychologist, 18 (8), S. 503–515. Online unter: http://dx.doi.org/10.1037/h0045185

Sprenger, Hartmut (2014): Mythos Motivation. Wege aus einer Sackgasse. 20. Auflage, Frankfurt a.M.

Stampfl, Nora (2012): Die verspielte Gesellschaft. Hannover

Suits, Bernhard (2014): The Grasshopper: Games, Life and Utopia. 3. Auflage, Peterborought, Ont.

Thaler, Richard H. / Sunstein, Cass R. (2009): Nudge. Wie man kluge Entscheidungen anstößt. Berlin

Thiel, Jennifer (2015): Nachhaltigkeit der Motivation in der Gamification. Eine systematische Analyse. München

Walton, Mark (o.J.): Minecraft in Education: How Video Games Are Teaching Kids. Online unter: www.gamespot.com/articles/minecraft-in-education-how-video-games-are-teaching-kids/1100- 6400549/

Werbach, Kevin / Hunter, Dan (2012): For the Win. How Game Thinking Can Revolutionize Your Business, Philadelphia, Pa.

Yee, Nick (2014): Unmasking the Avatar. The Demographics of MMO Player Motivations, In-Game Preferences, and Attrition. Online unter: www.gamasutra.com/view/feature/2139/unmasking_the_avatar_the_.php

Zukunftsinstitut (2017): Playful Business. Frankfurt a.M.

Danksagung

Dieser Report wurde durch die Förderung der Klaus Tschira Stiftung und der Robert Bosch Stiftung ermöglicht. Besonderer Dank gilt hier deren Leitungspersönlichkeiten Beate Spiegel, Klaus Tschira Stiftung, sowie Uta-Micaela Dürig und Prof. Dr. Joachim Rogall, Robert Bosch Stiftung, die sich für diese Förderung persönlich eingesetzt haben.

Besondere Verdienste bei der Erstellung des Reports hat sich Benita v. Behr erworben. Sie hat von Anfang an Einfluss auf dessen Konzeption und Gestaltung genommen und sich wieder einmal als kompetente, empathische, konstruktiv-kritische und intrinsisch motivierte Lektorin erwiesen. Zusammen mit dem Grafiker Matthias Fischer und dem Verlag hat sie auch die Layoutentwicklung für diesen ersten Band in der neuen Reihe „Edition Stiftung & Sponsoring" betreut. Henrik Flor gebührt Dank für die Recherche der Gamification-Praxisbeispiele, zu denen er, Dr. Anna Kaitinnis, Benita v. Behr und Ulrike Bauer die Textporträts erstellt haben. Ihnen allen danke ich für ihr engagiertes redaktionelles Mitwirken herzlich.

Zu danken ist ferner Dr. Peter Kreutter, Geschäftsführer der Stiftung WHU, der während der gesamten Laufzeit das Projekt beraten und Verbindungen zu weiteren maßgeblichen Expertinnen und Experten geschaffen hat. Er hat außerdem die Darstellung wichtiger Trends in Kapitel 11 gemeinsam mit dem Hauptautor des Reports verfasst.

Matthias Fischer (format+, Berlin) hat das Layout, die Grafiken und die Illustrationen gestaltet. Ihm danke ich für das sehr gelungene Ergebnis und die angenehme Zusammenarbeit.

Außerdem bin ich Dr. Mario Schulz, Erich Schmidt Verlag, für seine engagierte Begleitung des Projekts und das erfreuliche Zusammenwirken dankbar. Die Entscheidung, diesen Report als erstes Buch in die neue Reihe „Edition Stiftung & Sponsoring" aufzunehmen, ist deren Herausgebern Dr. Christoph Mecking und Erich Steinsdörfer zu verdanken.

Berlin, im Frühjahr 2018
Hans Fleisch

Über den Autor

Hans Fleisch, geboren 1958, ist seit 25 Jahren in Geschäftsleitungsfunktionen und als Berater von Stiftenden, Stiftungen und Non-Profit-Organisationen tätig. Der promovierte Jurist begann seine berufliche Laufbahn als wissenschaftlicher Mitarbeiter der Medienkommission der Bundesländer. Seine nachfolgende Position als Führungskraft bei der Allianz Lebensversicherung gab er nach wenigen Jahren auf, um die 1991 von Erhard Schreiber und Dirk Roßmann neu gegründete Deutsche Stiftung Weltbevölkerung aufzubauen, die er elf Jahre leitete. In dieser Zeit konzipierte und implementierte er eine erste Gamification-Lösung in einem Projekt der HIV-/Aids-Bekämpfung in Afrika.

Im Jahr 2000 gründete er mit Unterstützung der Falk- und Marlene-Reichenbach-Stiftung die Stiftung Berlin-Institut für Weltbevölkerung und globale Entwicklung, die er in der ersten Aufbauphase selbst leitete und die 2004 in Berlin-Institut für Bevölkerung und Entwicklung umbenannt wurde. Sein weiterer beruflicher Weg führte ihn nach Brüssel, von wo aus er die von Stiftungen finanzierte internationale Supply-Initiative für Verhütungsmittelversorgung in Entwicklungsländern aufbaute. Danach folgte eine kurze Station in der Geschäftsleitung der VolkswagenStiftung.

Anfang 2005 wurde er zum Generalsekretär des Bundesverbandes Deutscher Stiftungen berufen, dessen Geschäfte er elf Jahre lang führte. Seither fokussiert er sich auf sein berufliches Wirken in Aufsichtsgremien von gemeinnützigen Organisationen und von drei mittelständischen Unternehmen sowie auf seine Beratungstätigkeit. Er gehört als Rechtsanwalt/of Counsel zur Kanzlei Flick Gocke Schaumburg, Berlin. Im Jahr 2009 ernannte ihn die Universität Hildesheim zum Honorarprofessor.